IHARA SAIKAKU

LA LUNE DE CE MONDE FLOTTANT

Traduit du japonais et présenté par Daniel Struve

Éditions Philippe Picquier

Collection dirigée
par Jacques Cotin

Quand ils se découvrirent nus, ils pénétrèrent dans le Pavillon.
Là, curieux, leurs corps déclinèrent les figures de l'amour.

Titre original : *Saikaku okimiyage*

Mas de Vert
B.P. 20150
13631 Arles cedex

Illustrations intérieures : édition xylographique

Conception graphique : Picquier & Protière

Mise en page : Ad litteram, M.-C. Raguin – Pourrières (Var)

ISBN : 2-87730-743-3
ISSN : 1251-6007

TABLE

INTRODUCTION

Ihara Saikaku meurt à Ôsaka le dixième jour du huitième mois, année 6 de l'ère[1] Genroku (1693). Il laisse derrière lui de nombreux projets inachevés que son disciple Hôjô Dansui, lui-même poète de *haikai* et romancier, se chargera de publier. Cinq recueils posthumes paraissent au cours des sept années suivantes : *La Lune de ce monde flottant* (1693) – dont le titre original peut être traduit littéralement par *Un présent d'adieu de Saikaku*[2] –, *Le Dernier Tissage de Saikaku* (1694), *Les Heures oisives vulgaires de Saikaku* (1695), *Vieux papiers vieilles lettres de Saikaku* (1696), *Amis quittés à regret de Saikaku* (1699), tous, excepté l'avant-dernier, munis de préfaces de Dansui. L'authenticité de cet ensemble a été mise en doute après la guerre et a fait depuis l'objet d'une multitude d'études. Le débat continue, et n'est pas prêt de s'arrêter, étant donné la rareté des informations que l'on possède

1. Sur la correspondance de ces ères avec le calendrier occidental, voir à la fin de l'Avertissement, p. 35.

2. Nous avons retenu comme titre pour ce recueil le premier vers du « Poème d'adieu » de Saikaku, voir p. 41.

sur la parution de ces recueils. Cependant les études successives ont permis de déblayer le terrain et de clarifier de nombreuses questions. Ainsi personne ne rejette plus en bloc comme apocryphe cette partie de l'œuvre. Des travaux, comme ceux de Taniwaki Masachika sur *Vieux papiers vieilles lettres,* ont imposé l'idée que les traces d'inachèvement présentées par ces recueils devaient être considérées davantage comme les preuves de la fidélité des compilateurs à l'état fragmentaire des papiers laissés par Saikaku. En même temps, les différents scénarios échafaudés à propos des manipulations ou ajouts éventuels de Dansui finissaient par s'effondrer. En définitive, même s'il ne convient pas de sous-estimer le rôle joué par Dansui comme compilateur et rédacteur des écrits laissés par Saikaku, nous pouvons considérer avec Taniwaki que l'hypothèse selon laquelle les recueils posthumes tels que nous pouvons les lire reflètent assez bien l'état des manuscrits légués à son disciple par Saikaku reste pour l'heure la plus économique. Par leur valeur littéraire, ces écrits constituent une part non négligeable de l'héritage de Saikaku et aucun examen de l'œuvre ne peut se dispenser de les prendre en compte.

Parmi l'ensemble des écrits posthumes, *La Lune de ce monde flottant* tient une place privilégiée à cause du bref laps de temps qui sépare la mort du romancier de sa publication au cours de l'hiver 1693 – quelques mois à peine –, ainsi que par son caractère commémoratif. Tout y concourt : le titre original, le portrait de l'auteur placé au début du recueil, ses vers d'adieu, les vers composés par ses amis à sa mémoire, la préface de Dansui ainsi que la postface d'un éditeur, mais aussi les derniers mots du recueil : *Namu Amida butsu* (« Hommage au bouddha Amithaba ») que tous les critiques s'accordent à considérer comme un ajout indiscutable de Dansui, et enfin, plus généralement, le thème même, celui de la destinée finale de grands amateurs de plaisirs. L'affirmation de la postface selon laquelle les nouvelles de *La Lune de ce monde flottant* auraient été rédigées pendant la maladie qui a précédé le décès de l'auteur tend à lui conférer une valeur testamentaire, à en faire le dernier mot du romancier concernant ce « triste monde flottant » qu'il aura passé sa vie à scruter et à décrire. Beaucoup y ont même vu son chef-d'œuvre à l'instar des romanciers Tayama Katai (1871-1930) qui met le recueil au-dessus de ces chefs-d'œuvre reconnus que sont *La Vie d'un libertin* et *Vie d'une amie de la volupté,* ou Masamune Hakuchô (1879-1962).

D'autres, il est vrai, se sont arrêtés aux signes d'une compilation hâtive ainsi qu'aux nombreuses interrogations que soulève la genèse de ce recueil. On a relevé ainsi les discordances entre les titres des tables des matières et ceux qui figurent en tête des chapitres, les assez nombreuses incohérences entre la série de sous-titres proposés par ces mêmes tables des matières et le contenu des nouvelles. D'autres anomalies touchent à la mise en page : un blanc de plusieurs lignes en tête du chapitre I,3 ; une distribution irrégulière des lignes sur la page dans les derniers chapitres ; l'absence de numéro en tête de ce même chapitre I,3 ; des irrégularités dans la numérotation des feuillets témoignent indiscutablement de manipulations tardives et d'une certaine précipitation. On a aussi cru déceler dans certains sauts logiques à l'intérieur des chapitres les traces de lacunes, de coupes ou au contraire d'assemblage par Dansui d'éléments distincts à l'origine, mais ces dernières spéculations témoignent davantage de la difficulté pour la critique moderne à prendre en compte les aspérités du style de Saikaku plutôt que de quelque intervention tardive ou maladroite des éditeurs. En fin de compte, il n'y a pas de raison de récuser d'emblée les affirmations, il est vrai succinctes, données par les éditeurs. Dansui s'est trouvé devant un ensemble hétérogène qu'il a dû mettre en forme. Si quatre nouvelles avaient été mises au propre par l'auteur et se présentaient dans un état qui permettait de les graver telles quelles, en reproduisant la calligraphie de l'original, il n'en allait pas de même du reste, qu'il a fallu d'abord mettre au net. On ne doit pas cependant se représenter ce travail de rédaction comme un travail de réécriture. Dansui n'en avait sans doute ni le temps ni l'intention : son propos était de publier l'œuvre de son maître et non pas de faire passer pour l'œuvre de celui-ci le fruit de son propre pinceau, ce qui n'aurait sans doute pas trompé les connaisseurs de l'époque.

Mais s'il se révèle vain de spéculer sur la part exacte qu'aurait prise Dansui dans la rédaction de

La Lune de ce monde flottant, on ne peut pas ne pas reconnaître le rôle de celui-ci en tant que compilateur du recueil définitif. Les critiques ont mis en évidence combien, en dépit de son manifeste inachèvement, celui-ci témoigne d'un souci de composition au moins égal à celui qu'on remarque dans les recueils publiés du vivant de l'auteur[1]. Le compilateur a par exemple veillé à une répartition harmonieuse des lieux : Kyôto, Ôsaka, Edo et, dans un cas, Nara. La même régularité préside à la répartition dans le recueil des contes ayant pour héroïne une courtisane fidèle : I,1 ; II,2 ; III,3 ; IV,2 ; V,2, à quoi on peut ajouter V,1. Il en va encore de même pour le motif de la fréquentation des acteurs et de la prostitution masculine (*yarô asobi*) : I,1 ; II,1 ; III,1 ; V,1. Enfin, la distribution des courtisanes qui apparaissent dans les chapitres obéit à un ordre chronologique : dans les deux premières parties prédominent les courtisanes des ères Kanbun-Enpô ; dans la suite, en revanche, on rencontre essentiellement des courtisanes plus récentes, actives au cours des ères Tenna et Jôkyô[2]. La présence dans le troisième des recueils posthumes, intitulé *Les Heures oisives vulgaires*

1. On peut citer pour comparaison le cas célèbre du *Magasin perpétuel du Japon* (1688), premier recueil consacré à la vie des marchands, qui est constitué de deux parties différentes : les volumes I à IV d'une part et les volumes V et VI de l'autre. L'assemblage de ces deux éléments distincts, rédigés sans doute à des dates différentes, entraîne d'assez nombreuses redites.

2. Voir sur ce point et les précédents l'étude de Sugimoto Yoshinobu, « Saikaku okimiyage no kôsatsu », dans *Saikaku to sono shûhen*, Benseisha, 1991.

de Saikaku[1], de quelque cinq nouvelles à la thématique très voisine de celle de *La Lune de ce monde flottant*, constitue du reste un indice supplémentaire de la sélection critique opérée par Dansui. Cette parenté est à l'origine de l'hypothèse, formulée par Kanai Toranosuke[2], selon laquelle *La Lune de ce monde flottant* se serait présentée à l'origine sous la forme d'un recueil de vingt nouvelles (cinq volumes de quatre chapitres chacun) sur lequel Dansui aurait prélevé cinq nouvelles pour « gonfler » *Les Heures oisives vulgaires*. Cependant, les nouvelles accueillies dans *Les Heures oisives vulgaires* présentent des traits qui les distinguent de celles de *La Lune de ce monde flottant*, si bien qu'il est difficile d'affirmer avec certitude que Saikaku les aurait destinées au même recueil. On peut y voir en revanche une indication de ce que Dansui n'a pas pris sans discrimination tout ce qui pouvait se rapporter au thème du client ruiné des quartiers de plaisir dans les papiers laissés par son maître, mais qu'il a procédé à un tri afin de préserver l'équilibre interne et l'unité de ton du recueil[3].

1. Recueil paru en 1695 et constitué de nouvelles disparates, où l'on a pu distinguer quatre ensembles distincts. *Les Heures oisives vulgaires de Saikaku*, dont la publication est annoncée à la dernière page de *La Lune de ce monde flottant*, ont vu leur parution retardée pour une raison inconnue et n'ont vu le jour qu'après la publication du *Dernier Tissage de Saikaku*, chez un autre libraire. Le titre est bien sûr emprunté aux célèbres *Heures oisives* d'Urabe Kenkô.

2. Notamment dans « Saikaku okimiyage no hanshita », *Biburia*, n° 23, 1962.

3. Il n'est bien entendu pas possible de dire avec certitude quel format était envisagé par Saikaku. Taniwaki Masachika a émis l'hypothèse

Quelle était donc la nature exacte du projet auquel Saikaku aurait, selon Dansui, travaillé dans les derniers mois de sa vie ? Un élément de réponse nous est fourni par la préface autographe qui ouvre le recueil. Dans l'hypothèse généralement acceptée de son authenticité, il faut supposer que Saikaku a pris la peine de rédiger ce texte liminaire avant même d'en avoir terminé avec la rédaction des nouvelles. Deux autres œuvres posthumes inachevées, *Le Dernier Tissage de Saikaku* et *Vieux papiers vieilles lettres,* présentent également des préfaces précisant le cadre où viendront s'inscrire les chapitres. Il semble donc qu'il s'agisse là d'une manière de procéder habituelle au romancier et qu'il soit légitime de voir dans la préface à *La Lune de ce monde flottant* le programme selon lequel auraient dû ensuite être rédigées et assemblées les différentes nouvelles du recueil.

Deux motifs essentiels se dégagent de ce texte. Le premier est une dénonciation virulente de l'univers de mensonge que seraient les quartiers de courtisanes :

> Le mensonge du monde entier a formé une masse compacte et a donné naissance au monde du plaisir. Nul ne saurait passer une journée dans une maison de réception en disant la vérité. C'est le métier des courtisanes que de

---

que l'état final aurait dû comporter six volumes de cinq nouvelles chacun, soit en tout trente nouvelles. Il se fonde pour cela sur une célèbre anecdote rapportée par Miyako no Nishiki dans son ouvrage *Genroku taiheiki* (1702), consacré au monde des éditeurs : selon Nishiki, Saikaku aurait accepté à la fin de sa vie une avance de trois cents *ryô* d'or pour un ouvrage en six volumes, qu'il n'aurait finalement jamais remis à l'éditeur.

> dire ce qui n'est pas. Cependant le client, qui se saigne à blanc, ne cesse de se torturer l'esprit pour sauver les apparences. Les bouffons jouent aux niais. La surveillante s'entraîne à prendre un air terrible. Les apprenties font semblant de ne pas dormir. La patronne se force à rire. L'intendante répond à côté. La vieille grand-mère toute croulante surveille discrètement les flacons de saké. Quant au patron, il n'a en tête que la situation financière du client. Il est amusant d'observer la variété des métiers en ce monde[1].

L'auteur décrit un univers factice et théâtral, où chacun est en même temps acteur et spectateur. D'un côté, le personnel de la maison de réception, depuis la courtisane parée de tous les prestiges, jusqu'aux membres les plus humbles de cette société parallèle soudée par l'appât du gain. De l'autre, le client, ou *daijin*, terme à la sémantique particulièrement riche, puisqu'il évoque aussi bien la richesse du personnage et la considération qu'on lui accorde dans le quartier de plaisir que la prodigieuse dépense qu'il y fait. Deux écritures possibles, l'une où le caractère *jin* signifie « ministre » et l'autre où il veut dire « épuisement », renvoient respectivement à chacun de ces deux aspects, solidaires, du personnage. Le moteur du spectacle que se donnent de part et d'autre les acteurs de cette farce est l'argent : le client, à la fois dupe et dupeur, se fait le complice de ceux qui le ruinent. Il prolonge ainsi l'illusion qui le fascine, mais que maintient en vie la seule puissance financière qu'on lui prête. Fragile fantasmagorie : les indices de la réalité la plus sordide saturent le tableau qu'en dresse

1. Préface de Saikaku au recueil, p. 44.

Saikaku, mais terriblement efficace et douée d'une force de destruction étonnante. Seule la ruine complète du client – et c'est là le second motif – est capable de mettre un terme au mensonge :

> On ne voit personne renoncer aux courtisanes tant qu'il peut encore mettre un fermoir de corail à sa bourse. Innombrables sont ceux qui ont été contraints de disparaître sans laisser de traces après qu'on eut percé leur jeu[1].

Une fois de plus la réalité paradoxale des quartiers de plaisir est le motif central du recueil, mais elle est abordée sous un point de vue nouveau. L'accent n'est plus mis comme dans les recueils précédents, que ce soit *La Vie d'un libertin*, *Le Grand Miroir de toutes les voluptés* ou encore les *Chroniques galantes de grandeur et de décadence,* sur le prestige des quartiers de plaisir, mais au contraire sur le moment où ce prestige s'est dissipé pour laisser place à la misère et à la désillusion. Les personnages de *La Lune de ce monde flottant* ne reprennent pas leur place au sein de la société : ils « disparaissent sans laisser de traces », tel le héros du chapitre II,1, que le hasard met une dernière fois en présence de ses anciens compagnons de débauche et qui, refusant les secours qu'ils lui proposent, abandonne son domicile et se fond définitivement dans l'anonymat. C'est que le quartier de plaisir est une métaphore de la société humaine, un concentré de ses prestiges comme de ses ignominies. Chacun n'y fait que tenir son rôle, exactement comme partout ailleurs : « il est amusant d'observer

1. *Ibid.*

la variété des métiers en ce monde ». C'est aussi ce qui fait qu'on ne traverse pas impunément jusqu'au bout la route qui mène au plaisir. Le client y perd ses illusions aussi sûrement qu'il dissipe sa fortune. Le désenchantement s'étend à l'ensemble de la société des hommes. Il s'accompagne d'un affranchissement des lois et des codes sociaux, une libération intérieure, conduisant l'intéressé jusqu'aux marges du monde humain dans un espace qui est celui du dénuement et de la solitude, mais aussi du détachement et de la liberté.

Le motif du *daijin* ruiné n'était, il est vrai, pas nouveau dans l'œuvre de Saikaku. Yonosuke, le héros de *La Vie d'un libertin*, fait l'épreuve de la misère, quand en rupture de ban avec sa famille il entend poursuivre obstinément son exploration du monde du plaisir. Cependant, la figure du jeune homme désavoué par sa maison, un poncif du théâtre kabuki, diffère de celle du *daijin* à part entière, disposant librement de sa fortune, et qui se ruine en connaissance de cause. Dans la seconde partie du recueil, Yonosuke se voit doté d'une fortune si immense qu'elle le retranche du lot commun pour en faire un super-*daijin* (*dai-dai-daijin*), et lui retire tout espoir de pouvoir en venir jamais à bout. La condition de Yoden, héros du *Grand Miroir de toutes les voluptés*, le second recueil de Saikaku (1684), se rapproche un peu plus de celle d'un client ordinaire. Lui, arrive au terme de sa fortune, et par la même occasion au détachement et à la sagesse : il peut à cet égard être considéré – quoique sur un mode symbolique abstrait –

comme un prototype du *daijin* de *La Lune de ce monde flottant*. Réalisant toute l'horreur des relations du quartier de plaisir fondé sur l'exploitation et la souffrance, il n'en désavoue pas pour autant le monde de beauté qu'il a poursuivi à travers les courtisanes. Au dernier chapitre, il s'immole sur un bûcher alimenté par les lettres qu'il a reçues des courtisanes et va contempler à tout jamais leurs figures resplendissantes sous l'aspect de bodhisattvas compatissants dans le paradis de la Terre Pure. Au reste, des personnages de clients ruinés ne manquent d'apparaître dans les nouvelles de ce recueil consacré à l'évocation des différents aspects des quartiers de plaisir : le chapitre V,2, notamment, évoque les tribulations d'un *daijin* qui parvient à survivre à sa faillite, mais continue à dilapider obstinément ce qui lui reste, et ses réflexions amères devant le bon accueil qu'on fait à d'autres que lui, des rustres qui n'ont pour eux que leur argent. D'autres figures de *daijin* apparaissent dans *Le Magasin éternel du Japon* (au chapitre I,2) et surtout dans les *Chroniques libertines de grandeur et de décadence*. Comme le titre l'indique, Saikaku s'attache dans ce dernier recueil à montrer le monde du plaisir comme un lieu de dissipation d'argent et d'énergie, dans une dépense de vitalité qui entraîne inéluctablement épuisement et retombée. Onze chapitres sur vingt-cinq présentent des clients ruinés par les courtisanes, sans pour autant que l'accent soit mis sur la dernière étape de leur existence. Le chapitre V,2 de ce recueil fait la théorie du phénomène déploré par le *daijin* amer du *Grand*

Miroir de toutes les voluptés. L'argent prend le pas sur la séduction masculine dans le quartier de plaisir de la fin du XVIIe siècle. Il est d'ailleurs le seul moyen permettant d'acquérir le poli d'un véritable connaisseur (le *sui*). Un maître en élégance qui prétend donner des leçons aux débutants est taxé d'imposture, lorsqu'il avoue que sa propre science a été acquise au prix d'une fortune dilapidée : telle est en effet la Voie escarpée qui mène jusqu'à l'idéal du *sui*. Les plus fêtés dans les quartiers de plaisir ne sont pas les adeptes les plus confirmés de la Voie de l'amour, mais plutôt ceux qui n'en sont qu'aux premières étapes et possèdent encore une fortune à dépenser. Dans une conjoncture économique de plus en plus difficile et qui fait apparaître comme un âge d'or les années de l'ère Kanbun (1661-1673), les courtisanes doivent consacrer tous leurs efforts à attirer des clients fortunés, fussent-ils des rustres ou des provinciaux. Des échos de cette thématique se retrouvent dans les livres III et IV de *La Lune de ce monde flottant,* ces deux volumes où Dansui a placé la partie qu'il désigne comme étant de la main de Saikaku. Il pourrait s'agir d'un premier état du projet, d'inspiration voisine de celle des *Chroniques libertines*[1].

Cependant, le thème de la ruine avait été poussé plus avant par Saikaku dans le cadre de ses œuvres les plus romanesques, celles qui lui

1. Voir pour cette suggestion Hayakawa Yumi, « Saikaku okimiyage kan san-yon no imi », dans *Saikaku to sono shûhen, op. cit.*

avaient été inspirées par le théâtre kabuki, comme la *Vie de Wankyû*. Ce bref récit inspiré par un personnage réel et surtout une pièce de théâtre, raconte l'histoire de Wankyû, un fameux marchand d'Ôsaka, dont le goût effréné du plaisir entraîne la faillite. Sa femme meurt de chagrin, sa maison est vendue. Wankyû, à moitié fou, erre dans la ville, reçoit la visite d'une courtisane compatissante, puis sombre en gesticulant tel un acteur de kabuki dans le canal de Dôtonbori, lors d'une rixe qu'il provoque avec des noceurs. Le quartier de plaisir n'apparaît qu'en arrière-plan comme le cadre de l'extravagante conduite du personnage au début de l'histoire. La démesure de Wankyû en fait plus qu'un client ordinaire, un véritable champion de la Voie de l'amour. Sa ruine ne s'arrête pas à la dispersion de ses biens et à la disparition de ses proches, elle s'accompagne d'une altération de sa raison et d'une transformation radicale qui le constituent en être de légende, en font un héros de théâtre. Wankyû, le connaisseur (*sui*) tombé dans l'eau (*sui*), atteint à l'essence de la Voie de l'amour par l'excès même de son attachement, qui finit par le détacher de tout lien avec la réalité. Il a pour pendants féminins les héroïnes bourgeoises des *Cinq amoureuses*, une œuvre également inspirée par l'univers du théâtre. L'amour égare ces héroïnes, les mène jusqu'aux transes, jusqu'à la folie et, le plus souvent, jusqu'à une mort tragique, mais non sans les avoir auparavant affranchies du cadre étriqué où elles étaient autrement condamnées à vivre.

Avec *La Lune de ce monde flottant*, Saikaku revient, nous l'avons vu, à l'univers des quartiers de plaisir, qu'il avait déjà traité dans de nombreux recueils précédents. Cependant, ce n'est plus à travers le regard des habitués de ces quartiers qu'il les regarde le plus souvent. Les points de vue les plus inattendus semblent se multiplier : un acupuncteur, étranger à la Voie de l'amour et que la misère a amené à Shimabara, surprend les attitudes relâchées des courtisanes à la fin d'une soirée (I,2), une vieille surveillante adroite à soutirer leur argent aux clients donne des conseils à sa protégée (I,3), d'anciens clients épient du dehors le lieu de leurs anciens exploits (II,1 ; V,1), tandis qu'au chapitre V,2 c'est un aveugle qui découvre Shimabara. Les valeurs et la hiérarchie habituelles des quartiers de plaisir sont plus que jamais bousculées. Des courtisanes de rang modeste rivalisent dans le cœur des *daijin* avec celles du rang le plus élevé, les prestigieuses *tayû* (IV,1). Nombre de courtisanes se révèlent dans l'épreuve des amantes dévouées et fidèles. Rachetées et retirées du décor factice qui les mettait en valeur, elles ne perdent rien, sous l'apparence de simples bourgeoises, de l'élégance et de la distinction qui les placent au-dessus des femmes du commun et en font de véritables aristocrates des manières et des sentiments. Sans cesser d'être étroitement liée au microcosme des quartiers de plaisir, la Voie de l'amour voit son centre de gravité déplacé. Son aboutissement passe par un affranchissement des conventions et des usages de cet univers, par une prise de conscience de son caractère factice, par l'authentification enfin de ces prestiges illusoires à l'épreuve du dénuement et du renoncement. Une fois vidé l'abcès du mensonge sans lequel rien ne se fait dans le quartier de plaisir, reste la fine fleur de la Voie de l'amour à laquelle il a donné naissance, cette réalité impalpable, mais apparemment indestructible, résultat d'une transmutation de la vie ordinaire par l'art.

L'amour est un grand maître, affirme un personnage de Molière, contemporain à quelques années près de ceux de Saikaku. L'appropriation par la bourgeoisie des codes culturels de la noblesse, et en premier lieu de celui de la galanterie, constitue un des thèmes majeurs de son théâtre. A l'autre extrémité de la planète, le peuple d'artisans et de marchands qui fait la vigueur des immenses métropoles japonaises est confronté, d'une manière analogue, à la nécessité de s'approprier l'ancienne culture aristocratique, de l'adapter aux exigences des temps nouveaux et d'en faire l'expression de sa propre vision du monde et de sa propre expérience. Ainsi les préoccupations de Saikaku dépassent-elles le cercle des amateurs de plaisir gravitant autour de Shimabara ou de Shinmachi, pour rejoindre les interrogations essentielles de l'époque. Dans cette quête d'une identité nouvelle, la culture urbaine du XVIIe siècle s'appuie d'une manière privilégiée sur l'œuvre d'un aristocrate retiré du monde du XIVe siècle, Urabe Kenkô, l'auteur des *Heures oisives*. Elle fait sienne l'affirmation de celui-ci selon laquelle la connaissance de l'amour est indispensable à tout homme digne de ce nom :

> Fût-il en tout point excellent, l'homme qui n'aurait pas le goût de la vie amoureuse resterait désolant : coupe de cristal où manquerait le fond. Mouiller ses vêtements à la rosée du soir, ne savoir où fixer sa marche vagabonde, devoir compter avec l'homélie paternelle, la médisance du monde et y perdre la paix du cœur, avoir l'esprit troublé par mille contretemps et encore, trop souvent, solitaire sur sa couche, ne plus même trouver de nuit où s'assoupir, n'est-ce pas le sel de la vie ? Il est souhaitable, cependant, de ne pas se livrer tout entier et de passer aux yeux des dames pour n'être pas facile à prendre[1].

Ou encore :

> Entre homme et femme, l'amour même, est-ce de se voir tout à loisir ? Les regrets de rencontres manquées, le chagrin de vaines liaisons, la mélancolie des longues nuits de solitude, la nostalgie de cieux lointains, le souvenir des jours d'autrefois en une demeure délabrée, c'est cela, pourrait-on dire, savoir goûter le sentiment de l'amour[2].

Kenkô voit en l'amour une véritable école de la sensibilité, mais aussi et encore plus une expérience unique, celle de la déréliction et de la solitude dans laquelle l'amoureux prend conscience de sa vulnérabilité et de la force des passions qui l'attachent aux apparences. Celui qui n'a pas éprouvé cet état extrême ignore sa véritable nature et, par voie de conséquence, celle d'autrui. Il reste une brute quelles que soient par ailleurs ses origines sociales. Il est vrai qu'à l'inverse de l'idéal de l'honnête homme européen, celui du *sui* japonais

1. *Les Heures oisives*, chap. 3, traduction de Charles Grosbois, Gallimard, coll. « Connaissance de l'Orient », 1968, p. 48-49.
2. *Ibid.*, chap. 137, p. 116.

n'a pas su s'imposer comme modèle dominant. N'ayant jamais résolu les contradictions qui l'opposaient à la morale confucéenne, il s'est condamné à rester cantonné dans un rôle marginal. La sociabilité qu'il cultivait fut celle d'un monde à part, ces « mauvais lieux », ignorés, sinon condamnés, par la société officielle. Il n'en a pas moins exercé une influence profonde sur la nouvelle culture urbaine dont l'apogée correspond à l'ère Genroku.

Saikaku n'a cessé de s'intéresser aux marges. A la fin de sa carrière de romancier, après avoir parcouru dans tous les sens le monde du plaisir et des pans entiers de la société contemporaine, il en vient à l'exploration littéraire des ultimes retranchements où se trouve acculé celui que la société bannit de ses rangs. Tels sont les marchands appauvris des *Comptes et mécomptes* (1692), incapables de payer leurs dettes à l'échéance de la fin de l'année, et en passe d'être exclus de la vie de la cité, tels sont encore les amateurs de plaisir de *La Lune de ce monde flottant*, doublement rejetés par la société marchande et par les quartiers mêmes où ils ont dissipé leur fortune. Un rapprochement peut aussi être effectué avec la société des guerriers à laquelle Saikaku a consacré notamment les deux recueils importants que sont les *Chroniques de la transmission de la Voie des guerriers* (1687) et les *Récits du devoir des guerriers* (1688). La Voie des guerriers trouve sa limite et son dépassement dans l'acceptation de la mort qui abolit la dette de reconnaissance liant le guerrier à son seigneur, ou, plus rarement, dans l'entrée en religion, qui vaut renoncement à toute valeur guerrière. Le code amoureux (dans le cas des guerriers, il s'agit surtout de l'amour homosexuel), qui introduit un principe de contradiction interne dans cette éthique, en est aussi un élément essentiel. Tiraillé, déchiré même parfois entre des devoirs contradictoires, le guerrier cesse d'être un simple rouage du système. Le devoir exigeant de la relation amoureuse relativise celui qui le soumet à sa hiérarchie, lui laisse la liberté du choix, fût-ce celui inévitable du sacrifice et de la mort. Loin de cet univers rigoureux, l'éthique marchande trouve aussi dans les valeurs du code amoureux auquel l'initient les quartiers de plaisir un moyen d'échapper à l'univers unidimensionnel des quartiers commerçants, où les seuls horizons seraient l'accumulation des richesses ou la misère. Le monde du plaisir, même s'il apparaît lui-même comme un lieu d'exploitation régi par l'argent, ouvre l'univers marchand à des valeurs supérieures, celles de l'élégance, de l'attention à autrui, de l'esprit de sacrifice. Dans la première nouvelle de *La Lune de ce monde flottant*, le héros renonce à voir celle qu'il aime lorsqu'il comprend qu'il ne peut lui apporter que la ruine. Ce premier acte de renoncement le fait entrer dans une dimension nouvelle où l'apparence perd l'importance absolue que lui accorde le monde du plaisir. Symbolisée par le *furoshiki,* ce paquet que l'on se doit de promener derrière soi dans les lieux élégants, l'apparence ne cesse dès lors de s'effriter. A la fin du chapitre, le paquet s'ouvre enfin pour révéler à tous le véritable état des affaires de son propriétaire et faire prendre conscience à celui-ci de l'inanité de ses efforts. C'est ainsi à la marge d'un univers lui-même marginal que se porte le regard de Saikaku. Le client ruiné, mis au ban des quartiers de plaisir, et qui pour survivre ne conserve plus qu'un lien ténu avec ses semblables, rejoint dans la liberté qu'il a acquise à ce prix le guerrier sur le point de mourir.

L'œuvre de Saikaku est restée inachevée. La série des recueils posthumes en estompe les contours, nous invite à envisager des possibilités qui restaient encore à explorer. *La Lune de ce monde flottant* peut être considérée comme tenant lieu de ce point final que Saikaku n'a pas eu le temps d'inscrire lui-même, interrompu comme il le fut par la maladie et la mort. Certes, nous ne saurons jamais quel aspect aurait trouvé ce recueil s'il avait eu le loisir de le mener à son terme. Tel qu'il nous est parvenu, en dépit de son inachèvement, il ouvre des perspectives originales sur la direction que prenait la création romanesque de l'auteur dans les dernières années de sa vie. D'une manière remarquable, il y rejoint les préoccupations de son grand contemporain le poète Bashô, qui, la même année 1693, dans une prose intitulée *Propos sur la retraite* (*Heikan no setsu*), se réfère lui aussi à Urabe Kenkô pour faire l'éloge de l'amour :

L'homme de bien fuit l'amour charnel et le Bouddha l'a mis en tête de sa liste des cinq interdits. Certes la passion amoureuse, à laquelle il est si difficile de renoncer, nous est une chose funeste, mais l'amour n'en présente pas moins mille aspects touchants. A s'étendre à l'ombre des pruniers sur les flancs déserts du mont Kurabu[1], on se laisse pénétrer par un parfum insoupçonné. N'étaient les regards des gens qui surveillent les abords de la colline de Shinobu, quelles sottises ne commettrait-on pas ? Trempant leur manche sur l'oreiller de filles de joie, combien sont-ils ceux qui ont dû vendre leur logis et ont amené la ruine sur leur personne ? Mais comparez-les à de cupides vieillards, dont l'appétit ne cesse de s'étendre dans l'avenir, dont l'âme se tourmente toujours à propos de riz et d'argent, et qui n'entendent rien aux choses du cœur. Ne leur sont-ils pas infiniment supérieurs et n'est-on pas enclin à pardonner leurs fautes ?

DANIEL STRUVE

1. « Dans les amours interdites, malgré la crainte, sur le chemin, des "regards des pêcheurs de la côte de Shinobu" (le village des souffrances endurées), malgré la surveillance des gardiens qui pullulent même au Mont Karabu (la montagne des ténèbres), la passion dans le cœur de l'homme qui, sans écouter la raison, ne cesse d'aller trouver son amante, lui gardera tant de souvenirs inoubliables de moments de tendresse émue ! » (*Les Heures oisives*, chap. 240, p. 171).

JALONS CHRONOLOGIQUES

KEICHÔ 8 (1603)

Trois ans après sa victoire de Sekigahara, Tokugawa Ieyasu reçoit le titre de shôgun qui fait de lui le chef des guerriers et le maître effectif du Japon. Lui et ses successeurs immédiats procèdent à la mise en place progressive d'un régime féodal centralisé : les seigneurs militaires *(daimyô)* sont confirmés à la tête de fiefs autonomes, mais doivent faire allégeance au shôgun qui les surveille étroitement et fait prévaloir sa loi sur les lois locales. Une société fortement hiérarchisée et cloisonnée se met en place. Le gouvernement militaire *(bakufu)* fondé par Tokugawa Ieyasu à Edo se maintiendra jusqu'en 1867.

GENNA 9 (1623)

Tokugawa Iemitsu devient le troisième shôgun. Expulsion de Kyôto des *rônin* ou guerriers sans maître, une catégorie dont la fin des guerres civiles et les nombreuses confiscations de fiefs ont gonflé les effectifs et qui se montre volontiers turbulente. Intensification de la répression contre les chrétiens.

KAN.EI 6 (1629)

Interdiction du kabuki joué par des troupes féminines.

KAN.EI 14 (1637)

Révolte chrétienne de Shimabara. Le christianisme est en voie d'éradication. Tous les habitants du domaine du shôgun sont contraints de s'affilier à un temple bouddhique, mesure étendue à partir de 1665 aux domaines des daimyôs.

KAN.EI 16 (1639)
Fermeture définitive du pays avec l'expulsion de tous les Portugais. Seuls quelques bateaux chinois et hollandais peuvent commercer dans le port de Nagasaki.

KAN.EI 19 (1642)
Naissance d'Ihara Saikaku à Ôsaka. Rien de certain n'est connu sur ses origines familiales. Selon Itô Baiu, fils du philosophe Itô Jinsai, le vrai nom de famille de l'écrivain était Hirayama. Ihara pourrait alors être le patronyme de sa mère, adopté au moment de la retraite. Saikaku est le nom que l'écrivain s'est choisi comme poète de *haikai*, après s'être appelé Kakuei.

SHÔHÔ 1 (1644)
Naissance du poète Matsuo Bashô (1644-1694) qui fera du *haikai* un genre poétique majeur.

KEIAN 4 (1651)
Mort du troisième shôgun Iemitsu. Complot de Yui Shôsetsu contre le régime (« incident de l'ère Keian »).

JÔÔ 1 (1652)
Interdiction du kabuki mettant en scène des jeunes garçons *(wakashû-kabuki)*. Les théâtres ouvrent à nouveau l'année suivante, mais à condition de présenter des acteurs au front rasé et de mettre en scène de véritables spectacles dramatiques. C'est la naissance du *yarô-kabuki* ou kabuki d'acteurs adultes.

JÔÔ 2 (1653)
Naissance du dramaturge Chikamatsu Monzaemon, auteur de pièces de kabuki et surtout de *jôruri*, genre qu'il renouvellera et qu'il portera à son apogée, en collaboration avec l'interprète Takemoto Gidayû.

MEIREKI 2 (1656)
Saikaku commence à pratiquer le *haikai*.

Itô Jinsai, philosophe confucéen issu d'une famille de marchands, ouvre son académie privée, le Kogidô (Salle d'étude des significations anciennes), dans le quartier de Horikawa à Kyôto.
Interdiction aux guerriers de recourir au suicide d'accompagnement à la mort de leur seigneur. Cette pratique était une survivance des guerres civiles, où le lien personnel entre le guerrier et son seigneur jouait un rôle essentiel.

KANBUN 2 (1662)
Saikaku devient maître de *haikai*.

KANBUN 6 (1666)
Trois vers de Saikaku figurent dans un recueil collectif sous la signature de Kakuei.

KANBUN 11 (1671)
Au début de l'année, Saikaku organise dans le sanctuaire d'Ikutama un rassemblement de poètes de *haikai* qui dure douze jours. Un choix de vers composés à cette occasion est publié sous le titre *Les Dix Mille Vers d'Ikutama*, avec une préface-manifeste du poète.
Ouverture de la route maritime de l'est le long de la côte pacifique du Honshû, et l'année suivante de celle de l'ouest reliant Ôsaka au nord du Honshû par la mer du Japon.

ENPÔ 1 (1673)
Le poète adopte le nom de Saikaku, dont le premier élément *sai*, prononcé aussi *nishi*, consacre son lien avec le chef de file du *haikai* nouveau, Nishiyama Sôin.
Le marchand Mitsui Takatoshi (1622-1694) ouvre ses magasins d'étoffes Echigo-ya à Edo et à Kyôto et pose le fondement de la grande maison de commerce Mitsui.

ENPÔ 3 (1675)
Mort de la femme de Saikaku, âgée de vingt-cinq ans. Saikaku compose à sa mémoire une série de mille vers publiée sous le

titre *Composition en solitaire de mille vers de haikai en une journée.* A la fin de cette année, Saikaku se retire des affaires et adopte la robe des moines. Les années qui suivent sont marquées par de nombreuses publications dans le domaine du *haikai*.

ENPÔ 5 (1677)
Saikaku organise une séance publique au cours de laquelle il compose en vingt-quatre heures mille six cents vers, qu'il publie ensuite sous le titre *Haikai ôkukazu (Vers de haikai en grand nombre).*

ENPÔ 7 (1679)
Publication du recueil *La Boîte aux vers*, contenant des vers d'acteurs de kabuki d'Ôsaka réunis autour de Saikaku et d'Aoki Yûsetsu. Un long échange de pamphlets oppose les tenants de l'ancien *haikai* aux partisans du nouveau, ainsi que ces derniers entre eux.
Succès à Ôsaka de l'acteur Sakata Tôjûrô dans *Le Dernier Nouvel An de Yûgiri*, pièce dédiée à la mémoire de la courtisane Yûgiri, décédée l'année précédente.

ENPÔ 8 (1680)
Accession au pouvoir du cinquième shôgun Tokugawa Tsunayoshi, autoritaire et fortement imprégné de confucianisme. Les années qui suivent voient l'élimination des dernières bandes d'*otoko-date.*
Saikaku organise une deuxième séance publique au cours de laquelle il compose quatre mille vers, qu'il publie l'année suivante sous le titre *Saikaku ôyakazu (Vers en grand nombre, décochés comme des flèches, de Saikaku).*

TENNA 2 (1682)
Mort du maître de Saikaku, Nishiyama Sôin. Le nouveau *haikai* est en crise.
Saikaku publie à Ôsaka son premier roman, *La Vie d'un libertin (Kôshoku ichidai otoko).*

TENNA 3 (1683)
Publication du *hyôbanki* (catalogue d'acteurs) *Visages de Naniwa, maquillage d'Ise.*
Succès au théâtre de *jôruri* d'Uji Kaga no Jô de *Yotsugi Soga*, la première pièce attribuée avec certitude à Chikamatsu.

JÔKYÔ 1 (1684)
Tandis qu'une édition de *La Vie d'un libertin* paraît à Edo, Saikaku publie son deuxième ouvrage de prose : *Le Grand Miroir de toutes les voluptés*, sous-titré *Le Fils du libertin,* un recueil de nouvelles consacré au monde des grands quartiers de courtisanes.
La même année, Saikaku organise une dernière séance de composition en solitaire au cours de laquelle il compose le nombre record de vingt-trois mille cinq cents vers.
Publication du recueil *Jour d'hiver* de l'école de *haikai* de Matsuo Bashô.

JÔKYÔ 2 (1685)
Uji Kaga no Jô interprète à Ôsaka *Le Calendrier* et *La Victoire de Yashima*, deux pièces de *jôruri* écrites pour lui par Saikaku, qui délaisse le *haikai.*
Publication du recueil de nouvelles *Histoires des provinces de Saikaku*, ainsi que de *Vie de Wankyû*, tous deux à Ôsaka.

JÔKYÔ 3 (1686)
Saikaku grave et illustre *Ermites élégants de notre temps* (Ôsaka), une œuvre de son ami Sairo, dont il écrit la préface. Il publie cette année trois ouvrages de prose : *Cinq amoureuses, Vie d'une amie de la volupté, Vingt parangons d'impiété filiale* (Ôsaka, Edo).

JÔKYÔ 4 (1687)
Trois ouvrages de prose : *Le Grand Miroir de l'amour mâle* (Ôsaka, Kyôto), *L'Ecritoire de poche* (éditeur inconnu), *Chroniques de la transmission de la Voie des guerriers* (Ôsaka, Edo).

GENROKU 1 (1688)
Six ouvrages de prose : *Le Magasin perpétuel du Japon* (Ôsaka, Kyôto, Edo), *Récits du devoir des guerriers* (Ôsaka, Kyôto, Edo), *Arashi, vie et mort d'un acteur* (éditeur inconnu), *Trois ménages dans les quartiers de plaisir* (éditeur inconnu), *Chroniques libertines de grandeur et de décadence* (Ôsaka, Edo), *Nouvelles notes saugrenues* (Ôsaka, Edo). La préface de cette dernière œuvre est signée Saihô, le shôgun Tsunayoshi ayant fait interdire l'usage du caractère *kaku (tsuru)*, figurant dans le prénom de sa fille Tsuru-hime.

GENROKU 2 (1689)
Coup d'œil sur les routes du Japon, répertoire de noms de lieux du Japon, *Enquêtes à l'ombre des cerisiers de notre pays*, un recueil de nouvelles. Cette année paraissent aussi *Les Nouvelles Heures habituelles du quartier de plaisir Yoshiwara* (Ôsaka), une parodie des *Heures oisives* de Yoshida Kenkô, rédigée par Saikaku en collaboration avec Isogai Sutewaka.
Rédaction à l'intention d'un disciple du manuel *L'Apprentissage du haikai.* Au cours de ses dernières années, Saikaku reprend une certaine activité dans ce domaine. Le monde du *haikai* est cependant marqué alors par l'émergence de la nouvelle école de Matsuo Bashô. A la fin du troisième mois de cette année, ce dernier quitte son ermitage de Fukagawa à Edo et entreprend un voyage dans le Nord du Japon au cours duquel il écrit *La Sente du bout du monde.*

GENROKU 5 (1692)
Comptes et mécomptes (Ôsaka, Edo, Kyôto). Dans une lettre datée du quatre du troisième mois, Saikaku se plaint de ses yeux malades. En automne, il compose une série de cent vers de *haikai* qu'il dote d'un commentaire et dont il fait un rouleau peint.

GENROKU 6 (1693)
Splendeur de ce triste monde flottant, vie d'un homme (Kyôto, Ôsaka, Edo).

Saikaku meurt le dix du huitième mois à Ôsaka. Son disciple Hôjô Dansui entreprend de mettre en forme les projets inachevés laissés par son maître.
Les années suivantes voient la parution de cinq ouvrages posthumes : *Un présent d'adieu de Saikaku* (1693), *Le Dernier Tissage de Saikaku* (1694), *Les Heures oisives vulgaires de Saikaku* (1695), *Vieux papiers vieilles lettres de Saikaku* (1696), *Amis quittés à regret de Saikaku* (1699).

AVERTISSEMENT

Le recueil traduit ici sous le titre *La Lune du monde flottant* a été publié pendant l'hiver de 1693, l'année même de la mort d'Ihara Saikaku. L'édition originale est perdue, et c'est une seconde édition par les éditeurs Yao Jinzaemon d'Ôsaka, Tanaka Shôhê de Kyôto et Yorozuya Kiyohê d'Edo qui sert de base aux éditions modernes. Nous avons utilisé pour notre traduction le texte annoté qui figure au volume XIV de l'édition *Taiyaku Saikaku zenshû*, d'Asô Isoji et de Fuji Akio, Meijishoin, 1976. Nous avons aussi consulté l'édition plus récente de la série *Shin nihon koten bungaku taikei* (n° 77, 1989), due, elle aussi, à Fuji Akio, ainsi que le commentaire de Kaneko Takeo, *Saikaku okimiyage shinkai*, Hakuteisha, 1962. Nous remercions le professeur Taniwaki Masachika de l'Université de Waseda, qui a bien voulu répondre aux questions que nous lui avons posées, et M. Michel Vieillard-Baron qui a accepté de relire le manuscrit.

Les informations concernant les courtisanes et les acteurs cités dans ce recueil sont rassemblées dans la Liste des courtisanes et des acteurs en fin de volume, p. 155. Outre la connaissance directe qu'il avait de ces milieux, Saikaku devait consulter l'abondante littérature qui s'est développée autour des quartiers de plaisir : guides, manuels, répertoires de courtisanes. On peut citer en particulier le *Gong de Naniwa (Naniwa dora),* paru en 1680, dont les chapitres en forme de dialogues constituent une présentation détaillée des mœurs et usages des quartiers de plaisir, et *Le Grand Miroir de la Voie de l'amour*

(*Shikidô ôkagami*) de Fujimoto Kizan, une encyclopédie du monde du plaisir dont la rédaction fut achevée en 1678.

Plusieurs ouvrages de Saikaku lui-même sont mentionnés dans les notes. Deux œuvres notamment consacrées à la description du monde du plaisir, *Le Grand Miroir de toutes les voluptés* (1684) au titre inspiré par l'ouvrage de Kizan et *Chroniques libertines de grandeur et de décadence* (1688), sont particulièrement proches de notre recueil.

Les mots suivis d'un astérisque renvoient au Répertoire en fin de volume.

Le calendrier en vigueur dans le Japon du XVIIe siècle est imité du calendrier chinois. Les mois, de vingt-neuf ou trente jours, ont un décalage de un à deux mois avec leur équivalent dans le système occidental, le Nouvel An étant fixé à la nouvelle lune précédant l'équinoxe vernal. L'année lunaire faisant trois cent cinquante-quatre jours, pour combler le retard par rapport à l'année solaire, on ajoute un mois intercalaire à raison de sept mois tous les dix-neuf ans. Par commodité, on ne tient pas compte ici du décalage entre l'année japonaise et l'année occidentale dans les dates. Seules les années sont converties dans le système occidental, tandis que les mois et les jours sont laissés tels quels.

La datation se fait couramment à l'aide de noms d'ères, promulgués périodiquement par la cour à l'occasion de l'avènement d'un nouvel empereur ou à la suite de quelque événement faste ou néfaste. Les ères de la seconde moitié du XVIIe siècle sont Keian (1648-1652), Jôô (1652-1655), Meireki (1655-1658), Manji (1658-1661), Kanbun (1661-1673), Enpô (1673-1681), Tenna (1681-1684), Jôkyô (1684-1688) et Genroku (1688-1704).

D. S.

INDICATIONS BIBLIOGRAPHIQUES

TRADUCTIONS EN FRANÇAIS D'ŒUVRES DE SAIKAKU

Cinq amoureuses, traduit, préfacé et annoté par Georges Bonmarchand, coll. « Connaissance de l'Orient », Gallimard, 1959.

Vie d'une amie de la volupté, traduit, préfacé et annoté par Georges Bonmarchand, coll. « Connaissance de l'Orient », Gallimard, 1975.

Histoires des provinces et *Vingt parangons d'impiété filiale,* traduction de René Sieffert, Publications orientalistes de France, 1985.

Histoires de marchands (contient *Le Magasin perpétuel du Japon* suivi de *Comptes et mécomptes*), traduction de René Sieffert, Publications orientalistes de France, 1990.

Enquête à l'ombre des cerisiers de notre pays suivi de *Vieux papiers vieilles lettres,* traduction de René Sieffert, Publications orientalistes de France, 1990.

Récits du devoir des guerriers, traduit, préfacé et annoté par Jean Cholley, coll. « Connaissance de l'Orient », Gallimard, 1990.

Vie de Wankyû, traduction et notes de Christine Lévy, Editions Philippe Picquier, 1990.

Arashi, vie et mort d'un acteur, traduit du japonais et présenté par Daniel Struve, coll. « Le Pavillon des corps curieux », Editions Philippe Picquier, 1998.

Le Grand Miroir de l'amour mâle, traduit du japonais et présenté par Gérard Siary avec la collaboration de Mieko

Nakajima-Siary, coll. « Le Pavillon des corps curieux », Editions Philippe Picquier, tome I, 1999 ; tome II, 2000.

Signalons en outre que plusieurs chapitres du présent recueil ont été traduits en anglais :

Richard Lane, « Three Stories From Saikaku », *Japan Quarterly*, V, January-March 1958.

Robert Leutner, « Saikaku's Parting Gift : Translations from Saikaku Okimiyage », *Monumenta Nipponica,* XXX, 4, 1975.

ÉTUDES

Outre les différentes préfaces aux traductions citées plus haut, on peut signaler :

Katô Shûichi, *Histoire de la littérature japonaise*, coll. « Intertextes », Fayard, 1986, t. 2, p. 128-137.

Jacqueline Pigeot et Jean-Jacques Tschudin, *Histoire de la littérature japonaise*, « Que sais-je ? » n° 710, PUF, 1983, p. 50-52.

Alain Walter, *Erotique du Japon classique*, coll. « Bibliothèque des idées », Gallimard, 1994.

Daniel Struve, *Saikaku, un romancier japonais du XVIIe siècle,* essai d'étude poétique, coll. « Les Orientales », PUF, 2001.

LA LUNE
DE CE MONDE FLOTTANT

難波俳林 松寿軒 西鶴

辞世 人間五十年の究り それさへ我にはあまりたるにましてや

浮世の月見過しにけり末二年

元禄六年八月十日 五十二才

追善発句

月に尽ぬ世がたりや二万三千句 如貞

念仏きく常さへ秋はあはれ也 幸方

秋の日の名残記作れ死出の旅 万海

世の露や筆の命の置所 信徳

おもひきや見ぬ夜へつる月を筆の海 言水

追やむし様は折也見秋の風 西鶴男 才麿

力なや松もなうて鶯ゆく 団水

ENVOI

Shôjuken Saikaku, du cercle de *haikai* de Naniwa.

POÈME D'ADIEU

La limite de la vie humaine a été fixée à cinquante ans. Moi qui n'en méritais pas tant, que dirai-je de mes cinquante-deux !

La lune de ce monde flottant
Je l'aurai contemplée en sus
Pendant deux ans[1] *!*

10e jour du 8e mois de l'an VI de l'ère Genroku, 52 ans.

HOKKU FUNÈBRES

A la lumière de la lune
on ne cessera de parler
de ces vingt-trois mille ku

JOTEI[2].

On entend le nenbutsu
à lui seul l'automne
suffisait à nous désoler !

KÔHÔ[3].

1. Saikaku fait allusion au poème d'adieu qu'une tradition tardive attribuait au grand poète du VIIe siècle Kakinomoto no Hitomaro : *Lagune d'Iwami, à travers les pins de Takatsu, la lune de ce triste monde flottant, je l'aurai contemplée jusqu'au bout.* Ce poème de Saikaku comme ceux qui suivent sont des *hokku* (voir ce mot au Répertoire).

2. Iguchi Jotei, poète d'Ôsaka, disciple du poète de l'école Teimon, Kaedei Ryôtoku.

3. Yasuhara Kôhô, poète d'Ôsaka, disciple de Nishiyama Sôin.

En ces jours d'automne
rédige des notes de voyage
sur le chemin de la mort

BANKAI [1].

Rosée de ce monde
sa vie, c'est grâce au pinceau
qu'il sut la poser [2]

SHINTOKU [3].

Te reste-t-il encore
toi qui as contemplé jusqu'au bout la lune
un bout d'œuvre à écrire ?

GENSUI [4].

(Introduction en prose omise.)
Il pleure et gémit
ce chêne-charbon que ne brise pas
le vent d'automne [5]

SAIMARO [6].

1. Takemura Bankai, connu aussi sous le nom d'Ekiyû, poète d'Ôsaka, disciple de Kôrô Isen.

2. Le poème joue avec le mot *okuidokoro,* « lieu où l'on pose quelque chose » et ici où se dépose la rosée, mais aussi « refuge, point d'appui ». Il fait entendre un vers de Nishiyama Sôin, le maître de Saikaku et le chef de file du *haikai* nouveau : *Blanche rosée ! c'est sans savoir où, que tu te poses.*

3. Itô Shintoku, poète de Kyôto. D'abord rattaché à l'école Teimon, il se rallie ensuite au *haikai* nouveau. A partir de l'ère Jôkyô (1684-1688), il se rapproche de l'école de Bashô.

4. Ikenishi Gensui, originaire de Nara, se lie à l'école Danrin, nom que prit le mouvement du *haikai* nouveau à Edo. A partir de l'ère Jôkyô, il réside à Kyôto et se rattache à l'école du Teimon (ou *haikai* ancien).

5. Le chêne-charbon désigne ici le poète par opposition au pin, arbre plus prestigieux, symbole de longévité qui figure dans le nom de plume Shôjuken (Ermitage de la longévité du pin) adopté par Saikaku.

6. Shiimoto Saimaro, originaire du Yamato, disciple de Seibu puis de Saikaku, actif dans les cercles d'Ôsaka. A l'ère Hôei, il se rend à

Que pourrait-il faire ?
une fois détaché du pin
le lierre qui s'y enroulait

DANSUI[1].

Cet ouvrage, comportant en tout cinq volumes, est issu de vieux papiers écrits puis abandonnés par mon défunt maître. Un éditeur voulut à tout prix l'obtenir pour en faire, dit-il, un « souvenir durable ». Me rappelant avec émotion les mots du poème évoquant « la trace indélébile de ce qui a été écrit[2] », je le lui confiai.

Genroku, an VI, année du Coq, jours d'hiver.
Ermitage de Saikaku,
du cercle des poètes de Naniwa[3].

DANSUI.

Edo et se rapproche des disciples de Bashô. Le poème de Saimaro devait être précédé d'un court texte de prose que Dansui n'a pas retenu.

1. Hôjô Dansui (1663-1711). Voir ce nom au Répertoire.

2. Allusion à un poème de Murasaki Shikibu, l'auteur du *Dit du Genji*: *Qui donc en ce monde / s'attardera pour lire / ces vestiges ? / Ils ont beau conserver indélébile / la trace de ce qui a été écrit.* L'introduction en prose de ce poème (n° 817 des *Nouveaux poèmes de jadis et de maintenant*) précise qu'il a été composé pour accompagner un envoi de lettres provenant des papiers d'une personne décédée.

3. Nom poétique de la ville d'Ôsaka (voir au Répertoire « nom de lieu poétique ».)

PRÉFACE

Le mensonge du monde entier a formé une masse compacte et a donné naissance au monde du plaisir. Nul ne saurait passer une journée dans une maison * de réception en disant la vérité. C'est le métier des courtisanes que de dire ce qui n'est pas. Cependant le client, qui se saigne à blanc, ne cesse de se torturer l'esprit pour sauver les apparences. Les bouffons jouent aux niais. La surveillante s'entraîne à prendre un air terrible. Les apprenties font semblant de ne pas dormir. La patronne se force à rire. L'intendante répond à côté. La vieille grand-mère toute croulante surveille discrètement les flacons de saké. Quant au patron, il n'a en tête que la situation financière du client. Il est amusant d'observer la variété des métiers en ce monde. Cependant on ne voit personne renoncer aux courtisanes tant qu'il peut encore mettre un fermoir de corail à sa bourse. Innombrables sont ceux qui ont été contraints de disparaître sans laisser de traces après qu'on eut percé leur jeu. Nous avons réuni ici sans en laisser aucune les destinées finales de tous les plus grands et les plus célèbres champions de la Voie de l'amour, pour en faire une grande somme.

NANIWA SAIKAKU.
SHÔJU.

I

PREMIER LIVRE

TABLE

I,1
Il reste encore une grande marmite
Le réveil du ferrailleur

Quoi de plus pénible
que de manquer de parapluie par temps d'averse ?
Fujisaki, l'amante sans pareille, l'attendait cette nuit.
La pluie qui trempe ses manches le met dans l'embarras.
Un entretien dans le plus simple appareil.
Le rêve s'achève au petit matin avec l'ouverture du furoshiki.

I,2
Quarante-neuf jours de continence
Désormais elles sont toutes à lui

Il y a des parents qui vous lèguent des dettes.
Un sujet qui donne du fil à retordre.
Il partage brièvement la couche de Noaki.
Un porteur de tambour homme de principes.
Un exil en pleine capitale dans le quartier de Shimabara.

I,3
Mensonges éhontés :
l'amant promet des gâteaux pour le jour du Sanglier

L'homme que je contemple en secret...
Les papiers collés se transforment en or.
Les ruses de Kindayû.
Qui s'y serait attendu ?
On ne sait jamais ce que la vie nous réserve.

1

Il reste encore une grande marmite Le réveil du ferrailleur

Un *furoshiki** pour envelopper son manteau de rechange permet de donner le change en société. Surtout en été, comment se sentir à l'aise si l'on ne peut en confier un au serviteur qui vous accompagne ? Autrefois on faisait porter ses affaires dans une malle en osier qu'on attachait avec un vieux cordon de tambour, mais cela n'est bon que pour une cérémonie funèbre ou pour se rendre au tribunal. Aujourd'hui les riches clients des quartiers* de plaisir préfèrent les *furoshiki* en indienne de Kobatake ou encore ceux à larges raies en crêpe du Bengale. Prévoyant en pleine chaleur la fraîcheur de la soirée, ils y font mettre une tunique ou un vêtement de dessus et à les voir en compagnie d'un jeune serviteur alerte, même un fripier estimerait leur fortune à plus de trois cents *kanme*.

Il y avait dans le port de Naniwa, dans les environs des canaux Yokobori[1], un homme qui s'était consacré exclusivement à ces deux occupations

1. Les deux canaux Nishi-yokobori (Yokobori de l'Ouest) et Higashi-yokobori (Yokobori de l'Est) traversaient la ville d'Ôsaka du nord au sud depuis le canal de Tosabori jusqu'à celui de Dôtonbori. Ils étaient bordés par de nombreuses maisons de commerce.

que sont les femmes et le vin. Le cœur chaque jour consumé par la passion, il s'était épris de la belle Fujisaki de la maison Shioya[1]. Cette dernière, qui était pourtant une de ces filles des quartiers de plaisir qui s'achètent à prix d'argent, finit par mépriser les exigences de son métier et ne voulut plus rencontrer d'autres clients que lui. Elle se coupa tout un côté des cheveux[2] et ne cherchait pas à dissimuler les traces de son geste, expliquant à qui voulait l'entendre que c'était par attachement pour cet homme qu'on la voyait ainsi. Au comble de la célébrité, elle était alors dans la fleur de sa dix-neuvième année. On pouvait certes être agacé par les airs qu'elle se donnait : comme s'il n'y avait qu'elle pour connaître les usages élégants du quartier ! Mais aucune autre courtisane n'était en mesure de l'imiter et de négliger comme elle les clients les plus fortunés, afin de réserver ses faveurs à ce seul homme qui maintenant ne passait qu'en tremblant, même dans l'obscurité, devant

1. Une courtisane de second rang *(tenjin)* du nom de Fujimoto est signalée par un répertoire de Jôkyô 5 (1688) dans la maison de Shioya Matsunosuke à Shinmachi. Saikaku, qui transpose peut-être ce nom, joue en outre sur le sens de *fuji* qui peut signifier « sans pareille ».

2. Il s'agit d'une de ces marques codifiées dites *shinjû-date*, au moyen desquelles les courtisanes, réputées menteuses par profession, cherchaient à persuader les clients de la sincérité de leurs sentiments. Dans son encyclopédie du monde du plaisir *Le Grand Miroir de la Voie de l'amour*, Fujimoto Kizan, qui consacre un chapitre entier à la question, énumère dans l'ordre : s'arracher un ongle, écrire des lettres de serment, se couper une partie des cheveux, se tatouer sur le corps le nom du client, se trancher la phalange d'un doigt, se percer le bras ou la cuisse. La plus grande marque de sincérité qu'on puisse donner étant d'accepter de mourir ensemble, le terme *shinjû* finira par désigner les doubles suicides d'amour.

une maison de réception, et qui par cette nuit de printemps marchait vêtu d'un vêtement non doublé, pestant contre le vent qui s'engouffrait dans ses manches. La pluie, par malchance, s'était mise à tomber. Voulant éviter les lanternes qu'il ne manquerait pas de trouver en se réfugiant sous l'auvent de quelque demeure, il se rend en courant chez le porte-tambour* pour qui jadis, au début de sa vie de plaisir, il avait acheté une maison. « Prête-moi un parapluie ! » demande-t-il tout bas, d'une voix que l'autre connaît bien. Mais la maîtresse du logis lui fait répondre par une servante : « Nous pouvons vous donner un chapeau tressé, si cela fait votre affaire. » C'est ce qu'on appelle faire fonds sur la faiblesse d'autrui. S'il était venu emprunter des socques, on lui aurait sûrement répondu : « Revenez donc par un jour de beau temps ! » L'ingrat ! A l'époque où le prix d'un *koku* de riz avait grimpé jusqu'à cent *me* d'argent[1], il était pourtant en pourparlers pour vendre sa fille dans une maison de thé de Yasaka[2] et il avait mis en gage tout ce qui lui restait et jusqu'à la formule sacrée calligraphiée par le moine Hônen[3] qui était en sa possession,

1. Pendant les ères Kanbun-Enpô, le *koku* (180 litres) de riz oscillait généralement entre 50 et 70 *me*, entre 40 et 70 pendant l'ère Genroku. Cependant des disettes en avaient plusieurs fois fait exploser le cours. Sur les monnaies et leur valeur, voir au Répertoire « Système monétaire ».

2. Nom donné aux environs du temple Hôkanji, dit pagode de Yasaka, dans l'actuel arrondissement de Higashiyama. Des maisons de thé entretenant des courtisanes s'y installèrent à partir de 1619.

3. Grande figure du bouddhisme médiéval japonais, Hônen (1133-1212) est le fondateur de la secte de la Terre Pure qui prône la pratique exclusive du *nenbutsu,* invocation au bouddha Amithaba. Voir au Répertoire « Amida ».

renonçant à tout espoir pour l'autre monde. Il s'était alors porté à son secours avec une somme de dix *ryô,* et si l'on calculait tout ce qu'il lui avait donné à un moment ou à un autre, il y en avait, rien que pour l'époque postérieure à l'achat de la maison, pour trois *kanme* sept cents *me* d'argent, plus quarante-sept *ryô* d'or en *koban*, plus dix-huit *koku* de riz, plus vingt et un vêtements et manteaux, sans parler d'une foule de gratifications qu'il ne se rappelait plus, ne les ayant inscrites sur aucun registre. Il fallait vraiment être sans cœur pour avoir oublié tant de bienfaits et pour refuser ce soir-là de lui prêter un parapluie. A bien réfléchir, y a-t-il plus sincère que les courtisanes ? Fidèle à ses promesses, elle se dissimule aux regards des autres, met sa vie en danger et ne laisse passer une seule nuit sans le consoler de ses malheurs. Il pourrait lui faire perdre des clients. Et sentant un afflux de tendresse pour son amie : « Il vaut mieux pour elle que je ne la voie pas ! » se dit-il et, se recroquevillant sous la pluie, la mort dans l'âme, le voilà qui rentre chez lui en rasant les auvents.

Il trouva des notables du quartier, de retour sans doute d'une réunion de leur confrérie amidiste*, en conversation devant son portail. Ne se doutant pas que le propriétaire était en train d'écouter leurs propos : « En tout cas, disaient-ils, à vingt-quatre *kanme*, cette maison est une bonne affaire ! En enlevant le treillis de bois, on pourrait en faire une boutique de changeur ou un commerce de chandelles. Le long entrepôt de derrière pourrait être converti en logements locatifs. Quant à la partie occupant le coin de la rue, on pourrait, sur le devant, y aménager des échoppes qu'on louerait à raison de sept *fun* d'argent par natte, ce qui, par mois, rapporterait cent quatre-vingt-dix *me*. En somme, un endroit idéal pour un retraité. » A les entendre disposer ainsi de sa maison avant même qu'elle ne soit mise en vente, l'homme ressentit une rage impuissante. Il avait beau être révolté par les propos qu'il surprenait, il avait lui-même sollicité la garantie des notables du quartier lorsqu'il avait hypothéqué sa maison. Rien n'allait jamais comme on le voulait en ce monde, se disait-il en versant des larmes d'homme. Cependant on ne pouvait pas revenir sur le passé. Au moment où il faisait cette réflexion, le patron de la boutique de change installée en face de chez lui prit la parole : « Son père était un amateur de jardins. Est-ce que les cycas qu'il a plantés sont toujours là ? » « Il y a longtemps qu'ils n'y sont plus, répondit un autre. Sachant bien qu'il finirait par vendre la maison, il n'a pas laissé un seul arrangement de pierres en place. On n'a encore jamais vu personne se ruiner ainsi ! Dire qu'il a failli devenir votre gendre. Eh bien ! vous l'avez échappé belle ! A l'ouest de chez moi aussi vit un de ces fils de famille. C'est un air qu'il ne faut surtout pas faire respirer à de jeunes enfants ! » Et il fronça le nez avec une mine de dégoût. L'homme eut envie de le renverser d'un coup de pied. Mais à y réfléchir, comme les lois de la vie en société sont contraignantes… Il frappa donc discrètement à la porte de son logis. Une servante qui avait dépassé la cinquantaine sortit l'accueillir : « A la bonne heure ! cela fait un moment que j'ai entendu sonner les huit coups ! » grommela-t-elle seulement dans les ténèbres. « La lampe s'est-elle éteinte ? » demanda-t-il. « C'est qu'on n'a plus d'huile ! » « Et tu ne sais rien faire pour y remédier ? » Trouvant à tâtons la boîte avec le briquet, il entreprit de faire du feu sous la bouilloire. Grâce à cette lueur, il monta à l'étage, où il brisa en morceaux une vieille malle, qui servit de combustible pour le reste de la nuit. Il restait seul ainsi à relire toutes sortes de lettres et à sécher les manches du vêtement qu'il avait mouillé au début de la soirée, quand on frappa sans ménagement à la porte. Ne pouvant faire comme s'il dormait, il répondit : « Qui est là ? » Quatre ou cinq compagnons de plaisir se précipitèrent à l'intérieur : « Un feu par cette nuit glacée ! Il n'y a rien à dire, le maître de maison est un connaisseur ! » Et tous de sécher à leur tour des vêtements trempés faute de parapluie. « Nous ne voulons rien manger. Sers-nous seulement un peu de saké. »

Magnifique, comme à son habitude, il leur répondit : « Vous êtes les bienvenus quelle que soit l'heure. Il n'y a personne pour nous déranger. Vous serez régalés selon vos souhaits. » Après ces mots, il fallait bien servir à boire. Mais il eut beau chercher tonnelet ou flacon, il ne put découvrir la moindre goutte de vin. Il n'avait pas non plus assez d'argent pour en acheter ne fût-ce qu'un quart. Même en plein jour la situation eût été délicate, elle l'était d'autant plus au milieu de la nuit. Cependant, sur les dix-sept grandes marmites qui s'alignaient jadis dans la cuisine il en restait une, la seule qu'il n'eût pas vendue. Il l'enleva du fourneau et comme, par chance, il y avait un ferrailleur dans une ruelle du quartier, il s'en fut le réveiller en frappant à sa porte, lui expliqua qu'il avait un soudain besoin d'argent, et finit par lui laisser l'ustensile pour seulement quatre *monme*. « Une marmite en pleine nuit, la chose est bizarre ! lui dit le ferrailleur en lui remettant l'argent, mais encombrante comme elle est, il y a peu de chances pour que ce soit un objet volé ! » C'était vraiment dommage, mais il ne restait qu'à remercier et à prendre l'argent. Grâce au saké, les apparences étaient sauves et l'ivresse gagnant les convives : « Demain, proposa l'un d'eux, pour oublier nos malheurs de ce soir, allons tous à Dôtonbori [1], chez le chef de troupe du théâtre du Milieu [2]. C'est moi qui régale ! » Et tous de remercier et de promettre leur présence, avant de se séparer.

Le lendemain, se présenta en effet un messager pour lui annoncer qu'il était l'heure de partir. « Ne m'attendez pas. Je ne vais pas tarder », lui répondil et comme il n'aura rien à payer, le voilà qui fait sa toilette, qui défroisse ses vêtements de la veille, une ceinture à grosses mailles brun-rouge, un sabre à longue poignée, un éventail de chez Ôzuruya point trop écorné : à le voir, on dirait toujours un riche client des quartiers de plaisir. Au porteur de

1. Quartier de divertissement au sud du canal du même nom, où étaient regroupés les théâtres d'Ôsaka.

2. Un des quatre théâtres de kabuki licenciés d'Ôsaka, au sud du canal Dôtonbori, à Kichizaemon-chô.

sandales, loué spécialement pour la journée, il fait porter un *furoshiki* de coton bleu à rayures rouges, avec plié à l'intérieur le rideau portant le nom de sa maison, pour faire croire qu'il s'agit d'un vêtement de rechange. Honteux de son imposture, il se hâte en direction du sud le long de l'avenue de Shinsaibashi [1], lorsque dans la foule qui se forme à la sortie des théâtres, il se heurte à un employé de mercerie en train d'asperger la voie avec de l'eau. Trempé de la ceinture aux pieds, ennuyé de ne pas disposer d'un vêtement de rechange, il devient rouge de colère. Le mercier accourt: « Vous avez mille fois raison de vous mettre en colère ! Cela ne fait que deux ou trois jours que ce lourdaud est venu chez moi de son village du Yamato. C'est un vrai cul-terreux, veuillez l'excuser ! » Désarmé par ces politesses, il n'a pas la force d'insister et passe son chemin en disant seulement: « Prenez garde à ne pas arroser quelque samouraï ! » Mais l'autre: « Venez donc vous asseoir par ici et vous changer ! Allons, je vais vous conduire à l'intérieur. » Au comble de l'embarras, il répond: « Ce n'est pas la peine ! » et, mouillé comme il est, il prend la direction de Mitsudera Hachiman [2], près duquel demeurait un certain Kichitarô d'Ise, flûtiste d'une troupe ambulante qu'il avait invité quelquefois à des réunions avec de jeunes acteurs et auquel il avait deux ou trois fois donné de l'argent. C'était le seul

1. Artère allant du pont de Shinsaibashi au canal Dôtonbori dans l'actuel Minami-ku de la ville d'Ôsaka.

2. Sanctuaire shintô dans le quartier de Mitsudera, sur le cours inférieur du canal Dôtonbori.

à qui il pouvait songer s'adresser, ayant contracté des dettes auprès de toutes les maisons de thé et de tous les acteurs des environs.

Comme il frappait au logement de location que Kichitarô occupait au fond d'une ruelle, ce dernier vint l'accueillir nu comme un ver : « Ah, patron, cela fait combien de temps ! C'est un honneur insigne pour ma pauvre cahute » et il s'empressa d'épousseter le plateau à tabac. Le voyant s'affairer ainsi sans vêtements : « Quelle robuste santé que la tienne ! » et l'autre, rougissant : « C'est que je viens de boire un sacré coup. Cependant, patron, votre vêtement est trempé », ajouta-t-il étonné. Et comme il lui contait sa mésaventure : « Venez donc le sécher au soleil. » Le client des quartiers de plaisir se déshabilla à son tour. « Une chance que la journée soit ensoleillée ! » fit-il en rejoignant son hôte sur le balcon. Puis, serrant les dents : « Par malheur, je n'ai pas emporté de vêtement de rechange aujourd'hui. Prête-moi un instant le vêtement rayé de Gunnai[1] que je t'ai offert l'autre fois. » « Nu comme je suis, que pourrais-je vous dissimuler ? Si vous me voyez ainsi, c'est que je ne possède que ce seul Gunnai. J'en ai fait nettoyer la doublure et j'attends que ma voisine ait fini de le recoudre. »

Le client des quartiers de plaisir se frappa dans les mains. « Dans quelle situation difficile tu te trouves ! dit-il. Prochainement je te procurerai des

1. Etoffe de soie épaisse fabriquée dans les montagnes de la province de Kai, à l'ouest de l'actuelle Tôkyô.

robes et des manteaux. Mais aujourd'hui, il n'y a personne à la maison et je ne peux pas envoyer t'en chercher. » Leur allure à tous deux tandis qu'ils attendaient tout nus leurs vêtements ne manquait pas de cocasserie. Enfin, le soleil descendit à l'horizon. Le client des quartiers de plaisir revêtit sa robe, qui avait achevé de sécher. Le vêtement de Kichitarô était également prêt. L'un et l'autre reprirent leur apparence habituelle et se précipitèrent dehors pour se rendre à ce banquet qu'ils n'en pouvaient plus d'attendre. Mais le repas était terminé et ils arrivèrent au beau milieu des libations. « J'ai été retenu par des importuns dont il m'était impossible de me débarrasser. Veuillez tous m'excuser pour ce dérangement. » « Vous en avez mis du temps ! Avez-vous au moins déjeuné ? » leur demanda-t-on. « Ne vous inquiétez pas, nous avons mangé », répondirent-ils. On en resta là et il fallut boire d'abondance l'estomac vide et se contenter des coquillages crus et autres mets servis avec le saké. Le dîner se faisait attendre. Chaque fois qu'on apportait un potage, ils espéraient voir arriver des nouilles, mais ne trouvaient que de l'émincé de seiche, et encore en quantité infime, pas de quoi leur remplir le ventre. Kichitarô le flûtiste perdit patience et se retira chez lui.

La compagnie s'abandonnait aux plaisirs de la Voie* des jeunes gens, ivres d'amour et de vin, les convives avaient perdu toute conscience d'eux-mêmes. S'oubliant à son tour : « C'est qu'il fait froid ! » dit le client des quartiers de plaisir, et il alla prendre le *furoshiki* avec ses vêtements. Il l'ouvrit devant tout le monde et en sortit un rideau bleu foncé marqué du caractère « humanité » au milieu d'un cercle. L'excitation de l'assistance retomba d'un coup, et il était amusant de voir comme chacun faisait semblant de n'avoir rien remarqué.

Le client des quartiers de plaisir avait beau être un homme de caractère, il fut aussitôt dégrisé et eut honte devant ses compagnons dans ce triste monde flottant. Il prit la résolution de renoncer à partir de cette heure à la Voie de l'amour, vendit ses biens et alla vivre seul dans une hutte de branchages. Il ne voyait plus ses anciens amis, laissait s'allonger sa barbe, finit par ne plus se laver ni les mains ni les pieds. En guise de gagne-pain, il vivait au jour le jour, tressant contre salaire des attaches à chignon à la manière d'Edo. Réfugié à Horizume[1] en Naniwa, quoique non loin des cerisiers du Grand Temple[2], il y passa plus de cinq années, traversant les printemps ainsi que dans un rêve. Ayant renoncé à son blason à motif de papillon[3], il revêtit une robe de coton teinte en indigo, et vécut léger et content de peu, jusqu'au terme de son existence.

1. Quartier à l'extrémité sud d'Ôsaka, dans l'actuel Minami-ku, à la jonction des canaux Higashi-yokobori et Dôtonbori.

2. Il s'agit du Tennôji (temple des Quatre Rois Gardiens), un des plus anciens du pays, fondé par le prince héritier Shôtoku au début du VIIe siècle. Situé au sud d'Ôsaka, il était célèbre pour ses cerisiers.

3. Les termes « printemps », « rêve » et « papillon » sont des « mots liés » (*engo*) qui rappellent le célèbre apologue du rêve de Zhuangzi : « Jadis, Zhuang Zhou rêva qu'il était un papillon. Il voltigeait avec volupté, en papillon qu'il était. Heureux, comblé, il en avait oublié qu'il était Zhou. Tout d'un coup il s'éveilla et voilà qu'il était Zhou, sans erreur possible. Il ne savait plus si c'était Zhou qui rêvait qu'il était un papillon, ou bien le papillon qui rêvait qu'il était Zhou. Entre Zhou et le papillon il y a assurément une différence. C'est ce qu'on appelle la transformation des choses. »

2
Quarante-neuf jours de continence

« La fortune ne dure qu'une génération, la débauche ne se maintient guère au-delà de deux générations », disent dans un fameux adage les habitants si avisés de Kyôto. Vaste est notre capitale. Parmi ceux qu'on y désignait comme les Trente-Six Génies de la Richesse, il y en avait un qui occupait la toute première place. C'était un certain Nimonjiya[1] à qui ses parents avaient légué par testament cinq mille *kanme* d'argent outre la maison, les entrepôts et le mobilier. Le document fut examiné par chacun des garants, qui dressèrent un certificat : « Remis à l'héritier, ce que nous certifions » et le firent entrer en possession de sa fortune. Au matin du quarante-neuvième jour, il fit venir le bonze du temple paroissial. Au dîner, il mit fin au jeûne funèbre. A peine avait-il reposé ses baguettes, qu'il se précipitait hors de la maison pour se rendre à Shimabara : « Patron ! Te rends-tu compte ? s'écria-t-il en entrant chez Maruya[2]. L'héritage de mon père ! As-tu vu cela ? As-tu vu

1. Enseigne commerciale fantaisiste. L'élément *ni* (« deux ») fait écho au terme « premier » de la phrase précédente.

2. Nom d'une maison de réception à Shimabara. Voir V,2.

cela ? » et il semait les pièces d'or qu'il tenait à pleines poignées. « Voilà notre prospérité assurée ! » se réjouissait-on dans la maison de réception.

Dès lors, suivant l'inclination de son cœur, il s'assura les services exclusifs de la *tayû** Sekishû et comme il ne voulait à aucun prix qu'un autre que lui rendît hommage au tabernacle dissimulé derrière le rideau écarlate, elle fut connue partout comme la « *tayû* cachée[1] ». La garde de ce trésor sacré fut confiée à un porte-tambour du moment, un acupuncteur nommé Shakushi no Tokunyû qui dut veiller sur elle nuit et jour et prendre soin d'elle comme de sa vie future. L'homme n'aspirait pas aux aventures amoureuses, la vie galante ne l'attirait pas. Seulement il avait femme et enfants et il était prêt à tout pour assurer leur subsistance. Aussi renonça-t-il à son métier de soigneur pour un salaire annuel fixé à un *kanme* deux cents *me*. Il avait beau posséder sa propre maison, il n'y passait pas même la nuit du Nouvel An. Ses yeux étaient à la fête, le bruit de doux ébats ne cessait de flatter ses oreilles, et il errait pourtant de-ci de-là comme un pluvier sans compagne.

Une *hikifune**, la ceinture défaite, sans craindre d'abîmer sa coiffure : « Il n'y a pas d'oreiller, dit-elle, mais voilà qui ira à merveille ! » et, mettant sous la tête une boîte à repas vide, elle étend bras et jambes sans se soucier de personne. « Je n'aurais

1. Les « bouddhas cachés » étaient des images sacrées qu'on ne vénérait qu'en certaines occasions solennelles. Le rideau écarlate est bien sûr le pagne rouge de la courtisane.

pas dû aider à vider les coupes », dit-elle comme en rêve avant de s'endormir. Eclairée par la lampe, elle apparaît en pleine lumière : bien que du dernier rang, sa nuque, soulignée par une tunique blanche, est admirable, son nez est légèrement aplati, mais sa peau est fine et elle a la bouche menue. Quoiqu'elle passe inaperçue en ce lieu, elle l'emporterait en beauté sur une courtisane du second rang dans une ville comme Ôtsu[1]. « Une femme qui rapporte dix-huit *monme* par soirée, quel gâchis ! » pense Tokunyû, pénétré soudain de l'inconstance de toute chose. Cependant, une apprentie qui doit débuter prochainement comme courtisane s'abandonne à demi inconsciente, sans se soucier du pan de sa robe retroussé jusqu'aux hanches, en proie aux affres de l'ivresse. « S'il pouvait pleuvoir demain matin et qu'on me laisse dormir jusqu'à l'heure de quatre[2] ! » laisse-t-elle échapper et il est amusant de l'entendre. « Celle-là non plus ne doit pas être innocente. Quel dommage de la laisser ainsi ! » Dans la pièce suivante, deux courtisanes musiciennes, épuisées par leur séance de *shamisen** à neuf *monme*[3], la tête sur le corps de leurs instruments et les pieds entremêlés, échangent des confidences. Comme il s'attarde pour les écouter, l'une d'entre elles, appelée Karumo,

1. Le quartier de plaisir d'Ôtsu sur les bords de la Biwa ne comptait pas de courtisanes du premier rang.

2. Environ dix heures du matin.

3. Les courtisanes musiciennes (*taiko-jorô*) étaient du troisième rang. Leurs services valaient dix-huit *monme* la journée ou neuf *monme* la demi-journée.

d'apparence très élégante: « J'ai beau être faite pour cela, dit-elle, je ne puis en avoir autant que j'en voudrais. Je te le jure par notre dieu protecteur, le seigneur Inari [1], je n'ai plus fait cela depuis que j'ai dormi avec le client de Higo, le quatorze du neuvième mois, l'an dernier [2]. » « Quant à moi, dit l'autre, j'ai dormi avec un client deux ou trois fois depuis le début de l'année. » « Quelle pitié! laisser ainsi ces femmes sans clients, c'est comme tuer un animal et en jeter la viande: un vrai crime! Que des courtisanes puissent manquer d'hommes, qui s'en douterait hors des quartiers de plaisir? »

Etant allé jeter un regard à la cuisine, il aperçoit de jolies servantes étendues pêle-mêle avec des hommes auprès de la planche à découper en bois de saule, et personne pour prêter attention à elles. A y réfléchir, c'est comme si l'on vivait au pied de Yoshino [3] sans jamais voir les cerisiers en fleurs, ou encore comme cet homme de Yamazaki qui se bouchait les oreilles au chant du coucou [1]. De même ici, on dirait qu'il y a tant de femmes

1. Divinité des rizières honorée sur le mont Inari à Fushimi, dans le sud de Kyôto. Son culte se répandit par la suite dans tout le Japon, et sa compétence s'étendit à de nombreux domaines de la vie économique. Inari est vénéré aussi comme protecteur des lieux de résidence. On lui associe des images de renards dont il fait ses messagers. Ici, Inari apparaît comme la divinité protectrice (*ujigami*) du quartier de Shimabara.

2. Le Higo est une province du Kyûshû, avec pour capitale Kumamoto. Le riz de cette région était acheminé à Ôsaka du neuvième au début du dixième mois. Le client en question pourrait donc être un guerrier chargé du convoyage du riz de son fief à Ôsaka.

3. Au sud du Yamato, le site de Yoshino est encore célèbre pour ses floraisons de cerisiers.

qu'on finit par s'en lasser et ne plus leur accorder aucun prix.

Il est vraiment stupide de venir dans un tel lieu et de ne pas en profiter. Cependant, son maître l'a toujours considéré comme un homme de principes et l'a chargé d'une mission de confiance. Aussi ne se permet-il pas le moindre relâchement : il se retire dans un coin, fronçant les sourcils d'un air entendu, et se couche tout habillé, luttant contre le froid qui le pénètre. Alors qu'il désespère de voir jamais le jour, voilà que son maître se réveille lui aussi et aperçoit la silhouette étendue de Tokunyû : « Dors-tu toujours seul ainsi ? lui demande-t-il. Tu as tort de te gêner quand heureusement il ne manque pas de partenaires disponibles. Faut-il que tu sois bête ! Ne pas faire l'amour ici, c'est comme se rendre aux bains et ne pas se décrotter. Allons, un "Pardon de vous refroidir[2] !" et plonge dans les bras de celle que tu veux. » Tokunyû ne se le fit pas dire deux fois et s'adonna dès lors aux plaisirs à sa portée. « Tout cela grâce à mon maître ! se disait-il. Il n'y a pas de plus beau métier que celui de porte-tambour ! »

Ce Nimonjiya passa les soixante-quatorze années de sa vie dans les fêtes et s'adonna à l'amour tant

1. Allusion à Yamazaki Sôkan, poète de *haikai* du XVIe siècle qu'importunait le chant du coucou et qui composa à ce propos le poème comique *(kyôka)* suivant : *Comme tu es bruyant, éloigne-toi de ce village, coucou. Les drôles de la capitale doivent sûrement t'attendre.* Cette anecdote apparaît aussi dans *Amis laissés à regret de Saikaku*, II,1.

2. « *Hiemono gomen* », formule de politesse en usage dans les bains publics, lorsque, après s'être lavé, on entre dans le bassin d'eau chaude.

que ses os purent le soutenir. Son fils lui aussi débuta avec éclat en compagnie de la seconde Noaki, et se livra jusqu'à l'excès à toutes sortes d'extravagances pour ne s'arrêter que dans l'été de ses soixante-dix-neuf ans, non pas certes à la suite de quelque prise de conscience, mais par simple satiété. Le père et le fils s'étaient illustrés par leurs débauches. Le petit-fils était connu sous le nom de Jisei. Il se lia avec la *tayû* Kaoru, mais il ne se passa guère de temps avant que les torches qui l'éclairaient sur le chemin du quartier de plaisir ne s'éteignissent. Sa situation se détériora et il dut renoncer.

Déjà le fils était promis à la faillite. Mais il avait reçu en dot deux cents *kanme* sonnants et trébuchants de son beau-père, et à force de tirer sur le plateau de la balance il réussit à se maintenir. Jisei n'avait dépensé pour lui-même que trente-quatre ou trente-cinq *kanme*, mais il avait hérité d'une situation compromise et on commençait à jaser, racontant qu'il était venu à bout de sa fortune, si bien qu'il ne trouvait personne qui voulût de lui pour gendre ou pour fils adoptif. Resté sans ressources, il fut bientôt incapable d'assurer sa subsistance de tous les jours, et se mit aux crochets d'une tante fortunée installée dans le quartier du Millionnaire[1]. Ne pouvant refuser du secours à un parent, celle-ci lui donna de quoi faire vivre dans l'aisance un ménage de cinq ou six personnes. Mais six mois ne s'étaient pas écoulés qu'il avait déjà tout dilapidé dans le quartier de plaisir.

« Il faut lui faire quitter le monde », se dit-on et on le força à se faire moine, sans réussir à lui faire abandonner la Voie de l'amour. « Il n'y a plus qu'à le prendre en charge jusqu'à la fin de ses jours », décida-t-on alors et on l'enferma dans une pièce, mais il parvint à s'en échapper et retournait au quartier de plaisir rien que pour en repaître sa vue. Craignant quelque sottise de sa part, on consulta un homme d'esprit. « Je connais un lieu d'exil où l'envie lui en passera toute seule. Laissez-moi faire ! » répondit-il. Il loua un petit logis à proximité du quartier des maisons de réception à Shimabara et y installa Jisei. Outre le loyer, il lui fit tenir une allocation mensuelle de trente *me*. « Et

1. Chôja-machi, quartier de Kyôto, dans l'actuel arrondissement de Kamigyô. Il se serait appelé ainsi à cause d'un habitant très riche qui y aurait vécu à la fin du siècle précédent.

maintenant, amuse-toi comme tu l'entends », lui dit-il avant de l'abandonner à lui-même. Dans ces circonstances, ô miracle, la mauvaise disposition de son cœur changea du tout au tout. Il lui répugnait désormais de rencontrer les gens. Peu après, il se mit à colporter des histoires à la mode et vécut sans regret en soutirant de l'argent aux courtisanes.

3
Mensonges éhontés : l'amant promet des gâteaux pour le jour du Sanglier

Tout y est spirituel et raffiné. Y a-t-il aujourd'hui au monde quelque chose de plus intéressant que de s'amuser dans les quartiers de courtisanes ? La surveillante Kume est capable de voir jusqu'à quinze coups à l'avance dans le jeu de l'adversaire[1]. « Ce client a calculé que la longue période allant du lendemain de la fête du neuvième mois à la veille du Jour de l'an n'exige pas de frais particuliers[2] et il en profite à bon compte. A l'approche des festivités du Nouvel An, il s'en tirera avec quelque prétexte : "Je m'en vais passer la dernière nuit de l'année au sanctuaire d'Ise * à la place de mon père", nous annoncera-t-il tout d'un coup vers

1. Le terme *kyôsha* utilisé dans le jargon des quartiers de plaisir pour désigner la surveillante évoque la tour du jeu d'échecs japonais.

2. Les périodes de fêtes où les courtisanes devaient être engagées plusieurs jours de suite revenaient très cher au client. Aux fêtes du Nouvel An, les courtisanes étaient engagées pour quatre jours consécutifs et il fallait s'acquitter de nombreux cadeaux tant à l'adresse de la courtisane qu'à celle de la maison de réception. C'était en général le client principal d'une courtisane qui s'en chargeait. Le client dont il s'agit ici entend au contraire profiter de la longue période allant du neuvième jour du neuvième mois au dernier jour du douzième mois, où aucune festivité ne figure au calendrier, pour profiter d'une courtisane à moindres frais.

le vingt du douzième mois. Il recevra de la *tayû* une tunique de deux cents *me* en cadeau à l'occasion de ce voyage et lui laissera en présent d'adieu quelques pièces d'or, tout en confiant aux quarante satellites* : "J'ai mes raisons pour rompre avec cette courtisane. Ne me demandez pas pourquoi, tout cela ne vaut pas un seul de ces sous percés dits *œil de pigeon*[1] qu'on utilise à Ise. Laissez-moi tranquille !" leur dira-t-il, de manière à leur faire croire qu'il s'est passé quelque chose. Faire critiquer une courtisane irréprochable par les connaisseurs de la Voie de l'amour est un procédé éprouvé. Il ne m'attrapera pas avec des recettes aussi éculées. D'ici le premier jour du Sanglier du dixième mois[2], il m'aura donné son accord. »

Un jour que la compagnie était nombreuse, Kume s'adressa au patron de la maison Kyôya[3] : « J'ai une réclamation à faire auprès de Monsieur

1. Lors des offrandes au sanctuaire d'Ise, les pèlerins utilisaient des pièces de cuivre particulières, percées en leur centre, d'où leur nom. Un sou de cuivre officiel s'échangeait pour dix à douze de ces « yeux de pigeons ».

2. Le Sanglier est l'un des douze animaux désignant dans le calendrier chinois les années comme les jours. Chacun des douze signes revient deux ou trois fois au cours d'un mois. Au dixième mois, le premier jour du Sanglier lorsqu'il y en avait deux, ou le deuxième lorsqu'il y en avait trois, donnait lieu à une fête marquée par la préparation et la consommation de gâteaux de riz. Il s'agissait de prier pour la bonne santé des enfants, l'heureuse délivrance des couches et plus généralement de conjurer la maladie. Dans les quartiers de plaisir, cette journée était un *monbi,* un de ces jours où une courtisane était tenue de travailler ou de rembourser sur ses propres fonds le manque à gagner à son patron.

3. Maison de réception dans le quartier de plaisir de Shinmachi, dans la partie nord de Sadoshima-chô.

notre client. » A ce moment, Monsieur le client, coiffé d'un bonnet plat, tenait une pince à épiler. « C'est un *bu* d'or que vous voulez me réclamer ? » fit-il. « Quelque chose de cet ordre, je vous assure. Il s'agit du riz des gâteaux pour le jour du Sanglier. J'ai honte de vous solliciter ainsi. » « Mais pas du tout. Je tiens à respecter les usages. Combien vous en faudrait-il ? » Et l'autre, bien décidée à profiter du moment : « Six *koku* cinq *to* », annonce-t-elle, en incluant jusqu'aux gâteaux du Nouvel An. « Chez les courtisanes, on fête le jour du Sanglier avec éclat ! » dit le client, interloqué, en lui lançant sa bourse. A la vue des pièces d'or, la surveillante parle encore des offrandes pour les Dix Nuits[1], de la veille à l'occasion de la dernière nuit de l'Aîné du Métal et du Singe au onzième mois[2], lui demande de l'aider à changer la chaudière du bain dans sa propre maison, lui rappelle en somme d'un trait et sans en oublier un seul tous les cadeaux qu'il est d'usage de faire jusqu'à la venue du printemps, puis : « Pour ce qui est du Nouvel An, il est certes

1. Récitation du nom d'Amida *(nenbutsu)* qui avait lieu du six au quinze du dixième mois dans les temples amidistes. On faisait des offrandes de gâteaux de riz et de fruits devant les images du Bouddha.

2. L'Aîné du Métal est l'une des dix « tiges célestes », dont les noms sont empruntés aux cinq éléments (bois, feu, terre, métal, eau), qui servent à désigner les années et les jours dans le calendrier chinois, conjointement aux douze « branches terrestres » ou douze animaux. La combinaison de ces deux systèmes produit des cycles de soixante années ou de soixante jours. Selon une coutume d'origine taoïste, on s'abstenait de dormir pendant les nuits de l'Aîné du Métal et du Singe (*kôshin*). L'année comptait six ou sept de ces nuits, la première et la dernière étant célébrées avec une solennité particulière. Ces veilles s'accompagnaient de repas qui duraient la nuit entière.

encore temps, mais vous êtes notre unique soutien… » susurre-t-elle. L'homme, qui voulait pourtant échapper à cette obligation, change d'avis : « Je m'en charge, dit-il, comptez sur moi » et il le confirme au patron de la courtisane. « Je vous remercie, fait celui-ci. Votre procédé est admirable. Aussi vaste que soit le quartier de Shinmachi, si vous y trouvez une seule courtisane retenue pour le Nouvel An dès le premier jour du dixième mois, faites-le-moi savoir, s'il vous plaît. Je vous donnerai ma tête à couper sans hésiter un instant. Dans la maison d'un client comme vous, on doit déjà tenir prêts les vêtements à distribuer aux

employés au début de l'année prochaine ! » Sous l'effet de la flatterie, l'homme perd tout son jugement et se plie, telles les branches du saule au vent, à tout ce que lui demande l'assemblée, qui finit par se disperser. Cependant la surveillante prodigue ses instructions à la *tayû* : « Le cœur d'un client varie au gré du vent. C'est là qu'est pour vous la plus grande difficulté. Il faut parfois que vous preniez les devants. »

Aussi lorsque, comme prévu, elle devine à la mine de son client qu'il s'apprête à lui chercher querelle, elle le presse d'un ton tendre et passionné : « Je n'en pouvais plus de vous attendre aujourd'hui. J'ai en effet une confidence à vous faire, au sujet de ce provincial que j'ai rencontré à deux reprises à la Maison de l'Eventail [1]. Il s'est tellement entiché de moi que cela en devient déplaisant. “Si tu te coupes un doigt, m'a-t-il dit, je te rachèterai et t'emmènerai dans mon pays.” Et comme il me pressait : “Il n'y a pas à hésiter, dit la surveillante. Des courtisanes se coupent un doigt pour des clients qui ne font que les engager aux périodes du Bon [2] et du Nouvel An. Tu peux dire ce que tu veux, voilà un homme qui, en échange d'un simple petit doigt, est prêt à débourser plus de mille *ryô* pour ton rachat, à éteindre ta dette et à te délivrer une fois pour toutes de cette existence de douleur. Pense surtout

1. Maison de réception située à Sadoshima-chô dans le quartier de plaisir de Shinmachi.

2. Le Bon ou Urabon est la fête bouddhique des morts, célébrée du treize au quinze du septième mois.

au service que tu rendras à ton patron. Une telle occasion ne se représentera ni dans cette vie ni dans une autre. Il faut à tout prix que tu coupes ce doigt !" et d'y appliquer un couteau de cuisine. "Monter dans un palanquin au milieu d'une nombreuse escorte, et me rendre dans un pays inconnu en compagnie d'un homme qui ne me plaît pas, lui rétorquai-je. Jamais !" "Fi donc ! Et avec un tel caractère, tu prétends encore au nom de *tayû* ! Honte à toi ! Alors que tu devrais être prête à sacrifier ta vie au besoin, tu ne peux te résoudre à te couper un doigt lorsque le métier l'exige. Est-on une courtisane quand on ménage ainsi son corps ? Tu dois user de tous les moyens pour ne pas perdre tes clients. J'en ai vu des *tayû* finir dans des logis à deux nattes tapissés de papier chinois aux couleurs criardes représentant la rivière Tatsuta[1] ! Il te faudra bourrer la pipe de quelque M. Nisuke et je vois déjà ton visage au moment où tu l'inviteras, aussitôt après, à monter à l'étage." Elle m'a tenu des propos horribles ! Est-ce que Kindayû de chez Atarashiya regretterait de mourir pour un homme qui lui plaît ? » et, s'appuyant contre lui, elle éclate en sanglots. Le client, après avoir entendu ce discours : « Quel étrange chassé-croisé ! J'étais venu avec l'intention de faire

1. Le papier chinois, d'abord importé, puis fabriqué au Japon, est un papier épais aux motifs imprimés en relief. La rivière Tatsuta dans la province du Yamato évoque dans la poésie classique les feuilles rouges de l'automne et l'inconstance des choses. Le motif en question représente des feuilles d'érable emportées par le courant. Il était utilisé pour décorer les chambres des prostituées de bas étage. Voir par exemple *La Vie d'un libertin*, I,3.

une scène de jalousie et de lui demander de se couper un doigt pour moi. Je ne m'attendais pas à de tels propos. Quelle journée ! Qu'elle se soit confiée à moi est sans doute l'effet du karma. Désormais je ne saurais l'abandonner », se dit-il, mordant à l'hameçon. « Je ne suis pas grand-chose, mais tu peux compter sur moi. Mets ce malotru dehors ! » Et il fait le généreux, prenant seul en charge toutes les dépenses. Voilà ce qu'on appelle donner dans le panneau !

L'homme était connu à Kitahama[1] sous le nom de Minamoto. Ayant acquis un vernis d'élégance, il n'avait de cesse de montrer son savoir-faire en la matière. La courtisane de son côté exploitait cette faiblesse et feignait de le traiter en véritable expert, tandis que Kume, la surveillante, s'employait à lui faire dissiper sa fragile fortune, deux cents *kanme* en tout et pour tout. Il faut toujours une vieille surveillante pour seconder une jeune courtisane. C'est comme un commis installé de longue date dans la maison pour un jeune héritier. D'ailleurs, si le client en question avait eu un commis compétent, il ne serait pas tombé aussi bas. Au lieu de cela, ses anciens employés se plaisaient à l'accompagner au quartier de plaisir et à se faire régaler de riz à la volaille. Il y en avait même qui revenaient chez eux avec un manteau qu'ils lui avaient emprunté sans intention de le lui rendre. D'autres le sollicitaient pour qu'il se portât garant de leur bail de

1. Quartier d'Ôsaka, au nord du canal Tosabori, dans l'actuel arrondissement de Higashi-ku. Autour du port fluvial et maritime qu'il abritait, s'étaient multipliées les maisons de commerce, notamment de riz.

location, réclamant par-dessus le marché son aide pour renouveler leurs nattes de paille, ou encore lui soutiraient un prêt de dix *ryô* en lui laissant pour seul gage quelque manuel secret sur l'art d'engager querelle[1]. Toutes les occasions étaient bonnes de dépouiller un peu plus le malheureux qui finit par se ruiner complètement. Au bout de quelque cinq ans, il ne restait rien de son apparence ancienne. Il logeait désormais dans une ruelle proche du couvent de Kodani[2] et aurait été bien heureux s'il lui était resté au moins une écritoire. Il mettait sur un brasero une marmite ébréchée où il faisait cuire du riz qu'il n'accompagnait pas de bouillon. Certains jours, il se contentait de gâteaux de riz ; quand il n'en avait plus, il serrait sa ceinture. Il observa qu'on pouvait se remplir le ventre avec des radis et c'est tout naturellement qu'il adopta un régime végétarien.

Au nord de son logis, vivait un bonze qui mendiait en transportant une effigie de Kannon sur son dos. Il cuisinait des calmars, répandait des effluves d'émincé de poireaux, et ne manquait jamais de poisson salé. Au sud, habitait un homme dont le gagne-pain imitait celui de la vieille de la rivière Sanzu[3] : ayant ramassé une grande quantité de

1. Il n'existait bien sûr aucun ouvrage relatif à cet art-là, mais Saikaku se moque ici de l'engouement de l'époque pour toutes sortes d'ouvrages prétendant enseigner des traditions secrètes.

2. Hôsenji, monastère de femmes situé dans le quartier de Ryûzôji-machi, dans l'actuel arrondissement de Higashi-ku.

3. La rivière Sanzu traverse le chemin vers le pays des morts. Là passent au septième jour ceux qui ne sont ni des justes ni des criminels. A ces abords un vieillard et une vieille femme dépouillent les défunts de leurs vêtements.

vêtements doublés, il les louait pour six *mon* la nuit à des familles pauvres pour les aider à supporter les intempéries. Le matin, il faisait le tour de ses clients et les leur arrachait sans façon, offrant ainsi une véritable image de l'autre monde. Lorsqu'on habite quelque temps dans un pareil endroit, on finit par en prendre l'air, tel est toujours le caractère de l'homme. L'ancien client des quartiers de plaisir était maintenant coursier dans une maison de placement. Il ne rechignait pas lorsqu'il lui fallait escorter une jeune femme engagée comme concubine et porter son vêtement de rechange. Pour quelques sous, il serait allé jeter des fœtus avortés. Il n'y a rien de plus ignoble que la déchéance d'un homme. On a beau avoir perdu toute raison de vivre, il semble que la misère rende incapable de mourir. Pourtant il conservait quelques restes de sa dignité ancienne, et se faisait scrupule de dérober ne fût-ce qu'une feuille de papier.

Un soir, un certain Gengin, riche client des quartiers de plaisir, s'en revenait chez lui après avoir admiré l'éclat, hélas passager, des floraisons des glycines. Une fine pluie de printemps s'était mise à tomber et il avançait en s'abritant sous les auvents des maisons, quand le pauvre homme qui tenait un vieux parapluie déchiré l'aperçut et l'interpella : « Faites donc usage de mon parapluie ! » L'intention était délicate et Gengin accepta sans se faire prier. Mais il fut intrigué en lisant l'inscription : « Un des cinquante parapluies de la maison Kyôya, quartier d'Echigo. » Il voulut donc voir la maison où habitait l'homme et remarqua que la fenêtre donnant à l'est était tendue de feuillets de papier à usage officiel couverts de *kana*[1]. Poussé par la curiosité, il les examina de plus près et y reconnut avec certitude des lettres de la courtisane Kindayû, de la maison Atarashiya. Elle s'y répandait en mille cajoleries, et en dernière ressource : « Cette brève existence, je la tiens tout entière à titre d'emprunt de votre générosité… » lui écrivait-elle. Qui ne se sentirait flatté par une telle déclaration ? De plus en plus intéressé, il pénétra à l'intérieur et découvrit que le bas des murs était également tapissé de lettres de la main de la *tayû*. « Quel est votre lien avec cette personne ? » le questionna-t-il alors à propos de son passé. « C'est à cause de Kindayû que je me vois réduit à cet état », lui avoua l'homme sans détours. « Je suis l'amant de Kindayû. Il ne convient pas que ces lettres soient ainsi exposées », rétorqua alors le client, et s'étant porté acquéreur de tous les vieux papiers, il s'en alla en laissant trois *ryô* à l'homme. Avec une telle disposition d'esprit, il ne tardera pas à tomber aussi bas que celui-ci. « Lettres de Kindayû ou mises en demeure des créditeurs, c'est tout un dans ce taudis ! » dit-on en riant.

1. La meilleure qualité de papier *(hôshô)*, utilisée dans les occasions officielles. Son emploi était de règle pour la correspondance des courtisanes. Les *kana* sont un alphabet syllabaire utilisé conjointement avec les caractères chinois pour noter le japonais. L'usage exclusif ou quasi exclusif des *kana*, permettant une calligraphie particulièrement fluide, se rencontre non seulement dans les textes de caractère populaire, mais aussi dans certains genres élégants tels que la poésie japonaise *waka*, ou le roman de cour de l'époque Heian et ses épigones. Les lettres des courtisanes se rattachaient à cette tradition. Elles devaient être rédigées en *kana* et calligraphiées avec élégance.

II

DEUXIÈME LIVRE

TABLE

II,1

Manches gelées par le vent d'Atago

Tôchô de Sakai folâtre tant sous les fleurs de cerisiers que sous les feuilles d'érables.
Des pièces d'or à travers une brèche dans le mur : un spectacle rare.
Même à cent ans, son déhanchement trahit la courtisane.
En voyage sans déjeuner.
Même dans les chaumières, on mange du poisson cru le premier du huitième mois.

II,2

Aux yeux du monde, il ne vaut guère plus qu'une larve de moustique

La comédie des poissons rouges est, elle aussi, éculée.
Quand les cerisiers d'Edo refleurissent hors de saison.
Ils n'ont pas d'habit de rechange pour leur fils.
Une vieille recueille les baies des liserons.
La porte de l'autel bouddhique sert à faire du thé !

II,3

Une échoppe de gâteaux de riz : quelle tristesse ! Le mortier à pied : quelle désolation !

L'imbécile ignore l'ouverture nocturne de Shinmachi.
Le coton engrangé, il n'y tient plus.
Les tribulations de Bokuhan.
Danse en salle, ronde d'amour.
Le blason n'a pas changé.

1
Manches gelées par le vent d'Atago

Kyôto est environnée de montagnes : on y entend le vent souffler dans les pins, le ciel d'hiver ne cesse d'apporter des averses, et la neige tombe à s'en lasser. Alors les cris des vendeurs de bois noir[1] se font plus insistants. « A partir de maintenant, le jour déclinera aussi rapidement que dans un rêve. En ce monde, même le marteau magique de la Barque aux Trésors[2] ne peut procurer de quoi s'amuser dans les maisons de thé lorsque celui qui frappe est sans ressources. L'argent est indispensable : réfléchissez bien à cela avant d'avoir tout dépensé. » Souvent on n'écoute pas ces conseils prodigués par ceux qui ont fait l'expérience du malheur, et on ne comprend que lorsqu'il ne reste plus rien, mais alors il est déjà trop tard. Si l'on connaissait dès le début la mesure

1. Combustible obtenu à partir de branches vertes à moitié brûlées. Produit dans les hauteurs au nord de Kyôto, il était vendu dans les rues de la capitale par des marchands ambulants, souvent des femmes.

2. Il s'agit de la barque portant les sept divinités du bonheur et leurs trésors, parmi lesquels ce marteau qui permet de se procurer tout ce qu'on souhaite. On avait coutume de placer une telle représentation sous son oreiller en guise de porte-bonheur certains jours, comme le deux du premier mois.

à observer dans la fréquentation des courtisanes, on ne tomberait pas aussi bas.

Il y avait autrefois à Sakai, dans la province d'Izumi, un riche client des quartiers de plaisir répondant au nom de Tôchô[1]. Il avait commencé par se divertir avec de jeunes acteurs. Sortant tous les jours dans une barque couverte en compagnie de Mine no Kozarashi, il festoyait à Ebisujima[2] et connut jusqu'au dernier tous les plaisirs auxquels on s'adonne dans le monde d'aujourd'hui. Puis, un beau jour, il se mit à fréquenter Shimabara à Kyôto où il fut emporté par la passion que lui inspira la belle Vent-de-la-Lande[3], et de même qu'il se laissait descendre en barque au gré du courant en rentrant chez lui, il se laissa aller à une dépense de plus en plus importante, se montant toujours plus la tête et se donnant corps et âme à l'amour, celui des femmes aussi bien que celui des hommes. Enfin il ne lui resta plus rien. Lui, un riche client des quartiers de plaisir, que tous connaissaient, le voilà devenu un pauvre hère. Ses robes superposées aux motifs des quatre saisons avaient cédé la place à un vêtement étriqué de coton vert-jaune, et il fut forcé de prendre un misérable logis de location. Enfin, d'anciens commis de sa maison le prirent en pitié

1. Surnom, comme on en donnait dans les quartiers de plaisir, fabriqué à partir de deux caractères entrant dans le nom complet du client.

2. Ilot ayant émergé de la mer à l'extrémité nord du port de Sakai en 1664. L'endroit se couvrit de maisons de thé et devint au cours de l'ère Enpô un quartier de divertissement.

3. Nokaze (ou plus élégamment, comme ici, Yafû, avec la prononciation sino-japonaise des caractères), *tayû* de la maison Ôsakaya.

et lui attribuèrent le revenu du louage d'une barque de transport, quarante-cinq *monme* par mois qui lui permettaient d'entretenir petitement un ménage de trois personnes. Ils se chargèrent également de lui fournir tous les produits indispensables à la vie quotidienne : vinaigre, *miso*, thé, bois de chauffage.

Hélas ! au temps de sa splendeur, rien que les frais inscrits sur le carnet de comptes du messager chargé de porter ses lettres au quartier de plaisir s'élevaient à plus de cent *monme* par mois ! Croyant être le seul à connaître une telle déchéance de son vivant, il était rongé de regrets. Mais le temps emporte tout. S'étant procuré au rabais de ces menues sardines que les pêcheurs à la traîne de Sakai ramènent pêle-mêle avec des algues et vendent à peine six *mon* la caisse, il décide de célébrer le premier du huitième mois [1], prépare lui-même une salade de poisson cru et jouit du plaisir d'avoir le ventre plein. Il a beau être persuadé que sa vie n'a pas de sens, on n'a plus le courage de se trancher la langue une fois qu'on est tombé dans une pareille misère. Même les condamnés qui doivent avoir la tête coupée dans la journée prennent leurs baguettes pour manger leur dernier repas. Il n'y a rien que l'on chérisse autant que la vie.

Retiré comme il était du monde, que lui restait-il à espérer ? Il n'en continuait pas moins à observer les premier, cinquième et neuvième mois de

1. Le premier jour du huitième mois était célébré comme fête agricole en l'honneur de la nouvelle moisson et comme jour commémoratif de l'entrée du premier shôgun, Tokugawa Ieyasu, à Edo.

l'année [1], et le voilà résolu, le vingt-quatre du neuvième mois, d'accomplir le pèlerinage d'Atago [2]. Il prépare des vivres pour un ou deux jours, confie le *furoshiki* à son serviteur, chausse enfin des sandales de paille. La servante, qui le surprend dans cet appareil, l'examine avec attention : « En voilà une belle mine ! se dit-elle. Qu'a-t-il donc à demander aux dieux ? Le *tengu** lui-même serait tout honteux s'il apercevait monseigneur mon maître ! Pour ce qui est de se protéger de l'incendie, c'est à ceux qui ont du bien d'aller prier le Jizô * d'Atago ! On me laisse garder le logis, alors qu'il n'y a qu'un coffre vide à surveiller. Au moins n'aurai-je aucun mal à tout mettre à l'abri en cas de besoin, toute femme que je suis. Il faut être fou pour aller en pèlerinage quand on est pauvre comme lui ! » Mais il faut bien obéir aux ordres du maître, et elle lui fait bonne figure tandis qu'elle l'accompagne jusqu'à la porte et lui dit adieu.

Autrefois, à chacun de ses déplacements à Kyôto, même pour une simple course, ce riche client des

1. Dans la pratique bouddhique, ces trois mois correspondent à des périodes d'abstinence au cours desquelles les laïcs adoptent un mode de vie proche de celui des moines en suivant les « huit observances ». Aux cinq observances essentielles (abstention d'attenter à la vie, de prendre ce qui n'est pas donné, de se conduire sans chasteté, de dire le faux, de consommer de l'alcool) s'en ajoutent trois autres : abstention d'assister aux danses, chants et spectacles ainsi que de se parer et de se maquiller ; abstention de manger en temps indu ; abstention de coucher sur un lit élevé et vaste.

2. Le vingt-quatre est un jour lié au culte du bodhisattva Jizô de l'Armée Victorieuse (Shôgun-Jizô) et par conséquent un jour privilégié pour accomplir le pèlerinage au sanctuaire shintô d'Atagojinja, où il était vénéré, au nord-ouest de Kyôto.

quartiers de plaisir louait à Sakai une chaise de nuit à six porteurs, à raison de sept *monme* par homme, soit une dépense totale de quarante-deux *monme*, et il filait à vive allure pour arriver pendant qu'il faisait encore nuit noire chez Nihei le Menteur, près du Petit Pont sur la Yodo [1]. Là, il était accueilli avec des lanternes par des gens qu'il faisait venir de Shimabara, et qui tournaient autour de lui comme des roues à aubes [2]. Les souvenirs du passé affluent tandis qu'il contemple les environs et il presse le pas tout en enfonçant le chapeau tressé sur son front au moment où il passe devant cette maison. Non sans mal il se fraye un chemin à travers les chevaux et les bœufs qui encombrent Toba [3], et parvient bientôt au temple Tôji [4], qu'il laisse derrière lui pour s'engager dans l'avenue Senbondôri [5]. Tout en profitant du spectacle du quartier de plaisir par-dessus le mur, il longe maintenant par-derrière le quartier des maisons de réception [6]. On dira ce qu'on voudra, rien n'égale le

1. Pont au-dessus de la Yodo, qui reliait le bourg de Yodo à Nôso sur la rive opposée.

2. Allusion à la fameuse installation qui amenait l'eau du fleuve au château de Yodo.

3. A Toba, au sud de Kyôto, étaient installées de nombreuses maisons de transport, qui assuraient l'approvisionnement de la capitale.

4. Temple situé à la hauteur de la huitième avenue, à l'extrémité méridionale de Kyôto. Fondé en 798, il devint peu après le centre du bouddhisme ésotérique de la secte Shingon, introduit au Japon par le moine Kûkai.

5. Avenue orientée du nord au sud à l'extrémité occidentale de Kyôto.

6. Partie sud-ouest de Shimabara où étaient regroupées le long d'une rue les vingt-quatre maisons de réception où les clients faisaient venir les courtisanes des trois premiers rangs.

cachet de la capitale. Les courtisanes se sont parées à l'occasion de ce jour spécial[1]. Les robes de couleur rouge qui se montrent aux étages des maisons Kashiwaya et Maruya[2] attirent tout particulièrement le regard. On entend des chants et le son du *shamisen*. « Quel supplice ! Si je pouvais encore une fois seulement me retrouver avec juste mille *ryô* en poche et revoir ce quartier tout à mon aise ! » se dit-il et, repérant une brèche dans le mur derrière la maison Hachimonjiya[3], il regarde au travers. Une courtisane dont il ignore le nom est affalée là, sans même un oreiller sous la tête, sur un lit installé au frais, à l'écart de la salle principale. Elle s'amuse à disposer en quatre piles de cinq de véritables *koban*, une rareté de nos jours entre les mains des courtisanes. Elle les contemple d'un air ravi et ne se lasse pas de refaire un total qu'elle connaît déjà.

« Ce n'est pas la saison où les clients de la capitale font des cadeaux d'argent, se dit-il. Seul un provincial peu au fait des usages a pu expédier après le vingt du neuvième mois un colis à remettre au jour fixé contenant des *koban*. Quoi qu'il en soit, on n'obtient rien dans ce quartier sans laisser de l'argent. » Cependant, la patronne de l'établissement tient à la main une lettre pliée en long et une

1. Il s'agit d'un *monbi*, c'est-à-dire d'un de ces jours où une courtisane était tenue de trouver un client, faute de quoi elle remboursait le manque à gagner à son patron.

2. Ces deux maisons de réception se font face à l'extrémité sud du quartier Ageya-chô.

3. Maison de réception située à peu près au milieu, dans la partie orientale du quartier Ageya-chô.

somme de cinq *ryô* : « J'en ai reçu moi aussi, dit-elle, de la part de M. Hankyû, dans cette lettre. Transmets-lui mes respects et mes remerciements quand tu lui répondras. Le temps est révolu où une courtisane pouvait se décharger de toutes ses affaires sur la surveillante et n'avait pas à se soucier des questions d'argent. Les vingt *ryô* que tu viens de recevoir valent bien deux mille *ryô* de jadis. Les clients venus du nord en particulier utilisent les lettres reçues des courtisanes pour se mettre en valeur au pays et accordent plus de valeur au moindre de vos billets qu'à des calligraphies autographes de Hitomaro ou de Tsurayuki [1],

1. Kakinomoto no Hitomaro, le plus grand poète du *Man.yôshû* (*Recueil des dix mille feuilles*, VIIIe siècle), fut actif à la cour de l'empereur Tenmu et de l'impératrice Jitô. Ki no Tsurayuki (866-945) est

ils se désolent d'en voir le papier s'écorner et les marouflent pour en faire des rouleaux. Quant à ceux d'ici, ils ne prennent pas même la peine de lire les lettres jusqu'au bout et les abandonnent dans les maisons de thé où ils se changent, de sorte qu'on les étale sous les moulins à grains : il est consternant de voir les signatures de ces dames les *tayû* maculées de farine de blé. Sans compter qu'aujourd'hui les clients de la capitale n'ont plus pour eux que leur distinction et ne peuvent se permettre d'en faire à leur guise. En tout cas, une professionnelle comme toi n'a que faire de ces amateurs d'élégance aux manières de grands seigneurs. Même si leur conversation est embarrassée et que leurs façons trahissent leur inexpérience, les vrais clients sont ceux qui envoient des lettres comme celle-ci. En général, les connaisseurs [1] ne font guère l'affaire des courtisanes. Des hommes qui peuvent se prévaloir de leurs belles manières, il y a en tant et tant à Kyôto, à Ôsaka ou même à Sakai, mais ils dilapident leur argent sans réflexion, et les voilà obligés de faire des détours pour éviter les maisons de réception. Quelle profonde stupidité ! Un tel aurait pu s'amuser longtemps s'il se limitait aux courtisanes ; au lieu de cela, il étend le champ de ses amours aux jeunes acteurs et achève de se ruiner. On le met sous tutelle dans la force de l'âge et il mène une existence de larve. Y a-t-il là

le compilateur de la première anthologie impériale de poésie japonaise, *Poèmes de jadis et de maintenant*.

1. C'est-à-dire les *sui*, qui connaissent parfaitement les usages du quartier de plaisir et toutes les finesses du code amoureux.

quelque chose d'attirant ? » L'homme qui surprend ce discours se reconnaît dans ce portrait et il a le sentiment que c'est lui que l'on raille. « Tel est mon destin ! » se dit-il en frissonnant avant de s'éloigner. Rien dans le discours de cette patronne qui ne soit pure vérité. S'il avait pris le bac à Hashimoto[1] et s'était dirigé vers Matsunoo[2] pour se rendre directement à Atago, il n'aurait pas entendu ces malheureux propos. Mais il n'avait pu résister à l'envie de revoir, même de l'extérieur, ce quartier et avait fait ce détour inutile par Kyôto. Il ne pouvait que tomber d'accord avec ces propos qui l'avaient frappé droit au cœur et la capitale avait perdu tout attrait pour lui.

Le soleil se couchait déjà quand il parvint à Saga. Guidé par les manches des filles d'auberge qui arrêtent les voyageurs, il décida d'y passer la nuit et fut introduit dans le vaste salon de la maison Fudeya. Là on lui sert des *matsutake*[3] de saison grillés avec du saké et toutes sortes d'autres mets. L'hôtesse, dont l'allure n'avait rien de vulgaire, s'employait à prévenir ses moindres désirs, quelque chose dans ses manières rappelait le style des quartiers de plaisir. En outre, la façon alerte dont, malgré un âge assez avancé, elle parcourait la véranda acheva de persuader le voyageur qu'il ne s'agissait

1. Ville d'étape au pied du mont Otokoyama, au bord du fleuve Yodo. Un bac la relie à Yamazaki sur l'autre berge.

2. Il s'agit des environs de Matusnoo-taisha, sanctuaire shintô situé dans l'actuel arrondissement de Nishigyô, à Arashiyama-Miyamachi, un des plus anciens sanctuaires de la capitale.

3. Champignon dont le nom savant est *Armillaria matsudake*, très apprécié au Japon pour sa chair parfumée.

pas d'une femme du commun. Comme il lui faisait la cour et l'interrogeait sur son passé, elle lui apprit qu'en effet elle avait été, à Shimabara, une courtisane chargée d'accompagner une *tayû,* et qu'elle s'appelait alors Tosa. Elle en avait conservé un air de distinction rare. Alors, il rompit l'abstinence qu'il s'imposait à l'occasion du pèlerinage et, malgré le désagrément d'une literie de coton, il eut l'illusion de rencontrer une *tayû*. Il s'amusa de nouveau avec elle sur le chemin du retour et laissa chez elle tout l'argent qui lui restait après l'offrande qu'il avait faite au temple. Arrivé à Yamazaki, il n'avait plus de quoi payer le bateau et dut achever le voyage à pied, le ventre vide, chaussé de sandales ramassées au bord de la route. « Même après des leçons comme celles que j'ai reçues, même réduit à la dernière misère, y a-t-il moyen de renoncer à la galanterie ? » confiait-il à chacune de ses rencontres.

2

Aux yeux du monde, il ne vaut guère plus qu'une larve de moustique

Voici que les cerisiers d'Ueno[1] se mettent à fleurir en plein automne ! Un air de printemps passe sur cette saison désolée, et les gens venus admirer les arbres en oublient de se plaindre du vent glacé qui s'engouffre dans leurs manches. Le moindre spectacle attire les foules : la prospérité règne dans la paisible Edo. En venant depuis la Porte Noire jusqu'aux bords de l'étang[2], on aperçoit les établissements de Shinchûya no Ichiemon, vendeur bien connu de poissons d'ornement. Quelque soixante-dix à quatre-vingts bassins sont alignés dans sa cour, l'eau en est limpide et on peut y admirer les poissons agitant leur triple queue et évoluant entre les algues qu'ils teignent de pourpre[3]. Voyant des

1. Colline au nord-est d'Edo où s'élevait le temple Kan.eiji sur l'emplacement de l'actuel Musée national de Tôkyô. Le parc d'Ueno est aujourd'hui encore réputé pour ses floraisons de cerisiers.

2. La Porte Noire était la porte principale du temple Kan.eiji. Au pied de la colline où était construit le temple se trouve l'étang Shinobazu.

3. Réminiscence d'un célèbre poème d'Ariwara no Narihira, n° 17 de *Cent vers de cent poètes* (et n° 294 de l'anthologie *Poèmes de jadis et de maintenant*) : *Même à l'âge des dieux / puissants et rapides, on n'a pas entendu dire / rivière Tatsuta / que tes eaux se teignent / en pourpre de Chine.* Les deux derniers vers peuvent aussi signifier : « que tes eaux passent à travers une poupre de Chine ».

acheteurs donner cinq à sept *ryô* pour les exemplaires aux écailles brillantes de plus d'une coudée[1]: « C'est qu'on n'en trouve pas, dit quelqu'un, dans les provinces éloignées. Des pièces comme celles-ci sont destinées à servir d'amusement à des fils de daimyôs. Il en va ainsi pour tout: il faut voir une chose avant de pouvoir en parler. En tout cas, l'esprit des gens d'ici est aussi vaste que la plaine de Musashi[2]! » Tandis qu'on devisait ainsi, un rustre, tenant à la main une épuisette et un petit baquet, s'approcha de la maison. Quand on se pencha pour voir ce qu'il apportait: c'étaient des larves de moustique pour servir de nourriture aux poissons. L'homme passait la journée à en ramasser afin de les vendre pour à peine vingt-cinq *mon*. « Je vous en apporterai à nouveau demain », promit-il aux employés avant de s'en retourner chez lui.

A ce spectacle: « Dans cette ville aussi, se dit-on, il y a des gens qui mènent une existence misérable », et tandis qu'on l'observait avec un regard de compassion, on reconnut avec stupéfaction Risaemon Nuit-de-Lune d'Ise-chô[3], un ancien client des quartiers de plaisir, qui avait abandonné son domicile et vivait caché on ne savait où. Quelle n'était pas sa déchéance! « Tous tes amis, qui t'ont

1. Le *shaku*, dont la longueur a varié selon les époques, fait environ 30 centimètres.

2. Nom de la plaine à l'extrémité orientale de laquelle s'est établie la ville d'Edo.

3. Quartier d'Edo situé au nord du pont Edobashi, entre les canaux Nishihoridome et Isechôbori. Sur les berges de ce dernier s'était développée une intense activité commerciale. Des négociants en riz, mais aussi en thé et en papier, y étaient installés.

fréquenté autrefois, te regrettent vivement ! C'est parce que nous ne savions pas où te trouver que nous t'avons laissé ainsi dans la misère toutes ces années. Désormais nous prendrons les choses en main. Nous allons t'assurer une pauvreté digne et sans souci. » Mais l'homme, si bas qu'il fût tombé, n'avait rien perdu de son ancienne fierté : « Ce qui m'arrive est une conséquence inévitable de la fréquentation des courtisanes, et je n'en éprouve pas tant de honte. Je ne peux en aucun cas accepter votre générosité. Je ne supporterais pas qu'on dise de moi qu'un homme de l'envergure de Risa s'est plié aux circonstances et survit grâce à l'aide bienveillante de ses anciens compagnons des mauvais lieux. L'amitié de chacun d'entre vous me remplit de joie. Cela fait longtemps que nous ne nous étions vus, et sans doute est-ce la dernière fois que nous nous rencontrons. Allons fêter cela autour d'une tasse de saké ! » Et prenant les devants, il s'installe dans une maison de thé : « Du saké pour la somme tout entière ! » réclame-t-il, en jetant ses vingt-cinq *mon* sur la table.

A voir sa résolution à dépenser ainsi sans sourciller l'argent que sa femme et son fils – en train de préparer le repas du soir et de laver les marmites à la maison – attendent pourtant avec impatience, chacun mouilla de ses larmes l'extrémité de ses manches. « Quoique le ciel semble promettre une averse, lui dirent-ils, rendons-nous tout de même plutôt dans ton pauvre logis. Nous parlerons de mille choses en buvant du saké, cela nous consolera. Ton épouse est bien la fameuse Kichishû ?

Comment t'entends-tu avec elle ? » « Si j'en suis là, c'est à cause de cette femme. Mais j'ai eu l'occasion de voir qu'il y avait aussi de la sincérité chez les courtisanes : il y a quatre ans, nous avons eu un fils [1] ; cet enfant qui nous appelle "papa ! maman !" nous a soutenus et nous a permis de vivre jusqu'à ce jour », leur confia-t-il comme dans un rêve. Ils l'entendaient de même, tandis que sonnait la cloche du soir dans les temples de Yanaka [2], que le vent agitait les bosquets de bambous – les moineaux qui y nichent savent-ils jamais s'ils seront en vie demain ? – et qu'ils parvenaient à l'extrémité orientale du quartier des oiseleurs [3].

« C'est un pauvre logis au fond d'une ruelle. Si vous entrez tous les trois, tout le monde ne pourra pas s'asseoir. Mais peu importe ! Qu'ai-je encore à

1. Les courtisanes étaient réputées pour leur manque de sincérité et le fait qu'elles ne faisaient pas d'enfants. Voir plus bas au chapitre III,3. Saikaku plaisante sur cette question au chapitre VII,3 du *Grand Miroir de toutes les voluptés* : « Jamais comme cette année on n'avait vu tant de courtisanes dans une position intéressante. Elles ont beau s'en cacher lorsqu'elles s'affichent le soir en devanture, il y en a bien une quinzaine dont le ventre est comme une lanterne accrochée au mur. "On ne voyait pas cela autrefois, cela doit venir de leur sincérité", observa quelqu'un. La chose n'est somme toute pas désagréable. »

2. Quartier situé dans l'actuel arrondissement de Taitô-ku. Il était l'emplacement de nombreux temples bouddhiques.

3. Dans l'actuel quartier de Koishikawa, arrondissement de Bunkyô-ku. Des oiseleurs chargés d'approvisionner en petits oiseaux les fauconniers du shôgun y avaient été installés au cours de l'ère Keichô. A l'ère Genroku, le quartier fut rebaptisé Tomisaka. Ce paragraphe est marqué par un certain nombre de procédés de rhétorique propres à la poésie. Le nom « quartier des oiseleurs » est préparé par la mention des « moineaux ». On distingue aussi une série de « mots liés » (*engo*) : « averse » et « larme sur la manche », « bambou » et « moineau ». « Cloche du soir » est lié à « chant d'oiseau ».

cacher ? » dit l'homme en s'apprêtant à leur faire les honneurs de son foyer. Devant la haie de roseaux, une vieille femme de plus de soixante-dix ans inspectait les lianes aux feuilles jaunies des liserons[1] desséchés par l'automne ; elle en cueillait une à une les baies, pensant à la floraison de l'année suivante. « Eh bien ! On a beau dire que la vie de l'homme est aussi éphémère que la rosée, cette femme-là ne semble pas de cet avis ! » se dirent-ils pendant qu'elle les dévisageait. Ils passèrent devant elle en la saluant poliment, contournèrent

1. « Haie de roseaux » et « liseron » sont des mots liés.

avec précaution un vieux puits abandonné, s'engagèrent sous des fils d'où pendaient des feuilles de tabac mises à sécher. A cet instant, l'enfant aperçut son père par la fenêtre « C'est papa ! Il revient avec l'argent qu'il a gagné ! » cria-t-il, ravivant l'émotion des visiteurs.

La maîtresse de maison n'avait rien perdu de son coup d'œil d'autrefois. Dès qu'elle vit les hommes qui accompagnaient son mari : « Sur tes trois compagnons, je te prie de ne pas faire entrer M. Izuya Kichirôbei. Pour les deux autres, il n'y a aucune difficulté. » Tous, le mari le premier, de s'étonner : « Que reprochez-vous donc à cet homme ? » lui demanda-t-on, et elle : « Il n'y a rien de moins libre que la condition de la courtisane. Une fois, rien qu'une fois, nous avons échangé lui et moi des propos sur un oreiller d'emprunt et j'en suis encore embarrassée. Je ne crois pas non plus possible de dissimuler le fait à mon époux », dit-elle en versant des larmes grosses comme des perles. Tous furent émus par tant de scrupules et le mari lui-même, satisfait d'une si parfaite sincérité : « Il n'y a rien là qu'une courtisane puisse se reprocher, mais voici une bien gracieuse explication, fit-il, aussitôt d'excellente humeur. Ces hommes sont mes invités ! » Et il fit passer les trois hommes à l'intérieur. « Commençons par boire du thé ! » Cependant il n'y avait pas de bois pour faire du feu : on profita de ce qu'une porte de l'autel bouddhique suspendu au mur s'était détachée pour en faire des copeaux avec un couteau de cuisine, et on s'en tira ainsi sauf la révérence due au Bouddha.

« Où est donc ce fils qui est votre bien le plus précieux ? » demandèrent les hôtes. Ils le virent alors là, enveloppé dans une couverture faite de quelque quatorze pièces de couleurs différentes, recroquevillant ses épaules découvertes pour tenter d'échapper au vent soufflant en tempête, et ce spectacle les toucha plus que tout le reste. « Par un froid pareil, firent-ils, et complètement nu ? » La maîtresse de maison répondit en souriant : « Il a enlevé ses vêtements et refuse d'entendre raison ! » mais à peine avait-elle achevé de parler que l'enfant se mit à pleurer : « Si je me suis déshabillé, c'est parce que je suis tombé dans un fossé. J'ai très froid. Si mon vêtement est sec, je voudrais le remettre. » Le maître et la maîtresse de maison avaient beau être courageux, à cet instant ils oublièrent tout et fondirent en larmes. Les invités restèrent quelque temps sans savoir quoi dire. Apparemment l'enfant ne possédait qu'un seul vêtement et on ne pouvait lui trouver d'habits de rechange. Ce n'était pourtant pas de l'indifférence : il fallait que ces parents fussent réduits à la dernière misère pour traiter aussi cruellement leur fils. Les soupirs couvraient la conversation et les trois hôtes s'apprêtèrent à rentrer. Ils se concertèrent à voix basse et, rassemblant toute la monnaie qu'ils avaient sur eux, ils déposèrent en partant trente-huit pièces d'un *bu* et quelque soixante-dix *me* en piécettes d'argent dans un bol, puis sortirent sans en dire un mot au maître du logis. Celui-ci voulut les raccompagner, mais ils prirent congé de lui et déjà se hâtaient sur le chemin du retour où la nuit tombait de plus en plus épaisse, quand il les rattrapa avec à la main l'argent qu'ils avaient laissé : « Quelle est donc cette manière d'agir ? Par tous les dieux, il est hors de question que j'accepte une somme que je n'aurai pas régulièrement gagnée ! » s'écria-t-il sans vouloir entendre leurs explications, et jetant l'argent par terre, il s'en retourna chez lui.

Il n'y avait rien d'autre à faire qu'à ramasser les pièces et à rentrer chez soi. Deux ou trois jours plus tard, ils changèrent de procédé et envoyèrent quelqu'un pour remettre cette somme entre les mains de l'épouse, mais le couple avait quitté la ville et la maison était vide. Ils eurent beau les chercher, ils ne purent retrouver leur trace. Les trois amis s'en désolèrent. « Quand on y pense, la fréquentation des courtisanes est un germe d'égarement », convinrent-ils entre eux et ils cessèrent de s'y adonner. Est-il rien de stable en ce bas monde ? A cause de cette difficulté imprévue, les trois courtisanes Usugumo, Wakayama et Ikkaku essuyèrent, dit-on, un important préjudice.

3

Une échoppe de gâteaux de riz : quelle tristesse !
Le mortier à pied : quelle désolation !

Il en est de même de toute forme d'amour. C'est après être entré dans une voie que l'on en distingue les bons et les mauvais côtés. Dans la province de Kawachi, dans un village situé presque au pied du mont Takayasu[1], vivait un homme à qui son père, amassant les bénéfices que lui rapportait la vente de sa production de coton, avait légué en argent de quoi constituer un tas gros à peu près comme un bœuf de belle taille allongé par terre. Quoi qu'il fît pour le dépenser, il ne pouvait venir à bout d'une somme pareille en une seule vie. D'ailleurs il ne s'adonnait au plaisir qu'avec modération. Il se contentait de louer les services d'une de ces filles d'Uemachi[2], dont il avait fait sa maîtresse moyennant une allocation d'un *to* et cinq *shô* de riz par mois, ainsi que de deux *monme* destinés à payer une chambre de six nattes. Que pouvait-il souhaiter

---

1. Montagne à la frontière entre les provinces de Kawachi et de Yamato. Les villages disposés au pied de la montagne, dans la province de Kawachi, s'étaient spécialisés dans la production de coton, dit coton de Yamanone.

2. Quartier disposé sur une hauteur à l'est d'Ôsaka. Les filles d'Uemachi sont évoquées dans *Vie d'une amie de la volupté,* VI,1.

de plus ? Il ne lui restait plus qu'à jouir des plaisirs qu'offre ce triste monde flottant.

Une femme de la capitale s'était rendue dans les provinces de l'Ouest pour y servir dans la résidence d'un guerrier. Comme elle revenait chez ses parents, le patron de la maison de placement qui s'était occupé d'elle vint l'accueillir dans un entrepôt d'Ôsaka. La nouvelle parvint à l'auberge où descendait le riche paysan de Takayasu. Celui-ci engagea la jeune personne pour un salaire annuel de cinq lingots d'argent. Il l'installa dans un logement de location près du temple de Kannon dans le quartier de Shiraga[1], lui donna une vieille femme pour servante et l'y maintint presque toujours cloîtrée, confiant la garde de sa maîtresse à un pauvre laqueur qui occupait la boutique de devant et qui fut chargé de la surveiller de temps à autre. L'entrée du logis était strictement interdite à toute personne de sexe masculin, et même le père de la jeune femme, lorsqu'il vint de la capitale rendre visite à sa fille, se vit inviter à dîner, mais dut passer la nuit dans une auberge voisine. Il alla jusqu'à jeter dehors le chat de trois couleurs qu'elle avait pris pour adoucir sa solitude, lorsqu'il découvrit qu'il s'agissait d'un mâle. Telle était la jalousie de cet amateur de plaisir encore mal dégrossi !

Etant le responsable de son village, il devait se cacher des villageois. Au demeurant, dans la journée, il était pris par les affaires publiques. Mais, le

1. Quartier situé des deux côtés du pont Toiyabashi sur le canal Nagabori.

soir venu, il parcourait une distance de quatre lieues en chaise rapide, passant à chaque fois par le quartier de Shinmachi[1] qu'il traversait d'est en ouest depuis la porte orientale, sans remarquer les lumières et l'animation nocturne, quoiqu'il fît le même trajet matin et soir depuis plus de trois ans. Le laqueur préposé à la garde de sa maîtresse s'en étonnait auprès de ses interlocuteurs : « Je ne comprends pas qu'un homme qui prend le temps de faire tout ce chemin n'aille jamais s'amuser avec les courtisanes. Cet imbécile emprunte sans s'arrêter l'avenue de Shinmachi et va dépenser des sommes considérables avec une maîtresse ! » En entendant son récit, les jeunes gens réunis en grand nombre dans la maison de divertissement tenue par le professeur de flûte Nagasaki Kanjûrô, éclatèrent de rire. « Il faudrait trouver le moyen d'introduire ce richard de paysan dans un vrai quartier de plaisir ! C'est parce que nous sommes sans le sou que nous fréquentons ces sinistres maisons de thé et établissements de bains. On est toujours empêché de faire ce qu'on veut en ce monde ! La récolte de coton aura été encore excellente cette année. Ah ! si je pouvais seulement mettre la main sur l'argent qu'engrange ce notable de village ! Je ne le garderais pas longtemps sur moi, je vous le jure. J'engagerais pour trente jours au moins Kodayû de chez Konomuraya[2] en compagnie de la *tenjin* Yamato. »

1. Quartier de plaisir d'Ôsaka.
2. Maison de courtisanes de Shimono-chô à Shimabara.

« C'est que tu n'as pas mauvais goût ! dit alors en s'avançant au milieu de l'assemblée un certain Bokuhan, un client du quartier de plaisir qui voyait la courtisane Kiriyama de la maison Yagiya[1]. Quant à cet homme, il ignore tout de la joie profonde que donnent les courtisanes. Shiomichi, ce retraité originaire de la ville de Hagi à Nagato[2], a racheté la courtisane Kasen et en a fait l'ornement de sa maison. Ce qui ne l'a pas empêché, du côté des jeunes acteurs, de fréquenter Matsushima Han.ya à l'époque où celui-ci était au sommet de sa beauté. Harima, du quartier de Shiroko-machi[3], a mis la main sur la *tayû* Seyama et fait de sa vie une fête perpétuelle. Il y a encore Shio, ce riche client du quartier d'Amagasaki-chô[4], qui a dépensé toute sa fortune, semant l'argent comme pour combler un fossé. Quand il n'eut plus rien à faire en ce bas monde, il se réfugia, comme on irait dans un temple sans bouddha, dans le quartier de Dôjima à Tenma[5], où, la misère le suivant, il survit tant bien que mal en donnant des leçons de tambour ou de chant, ou encore en organisant des parties de go. A son tour la *tayû* Kingo[6], qui faisait toute sa joie,

1. Il y avait quatre établissements du nom de Yagiya à Shinmachi.

2. Dans l'actuel département de Yamaguchi.

3. Quartier d'Ôsaka situé au sud du pont Chikuzenbashi, sur le canal Sadobori.

4. Quartier d'Ôsaka dans l'actuel Higashi-ku.

5. Tenma est le nom de l'un des trois arrondissements (*gô*) de l'ancienne Ôsaka, regroupant au nord de la ville, entre les cours de la Yodo et de la Tenma-Horikawa, les quartiers de Kawazaki, Sonezaki, Dôjima et Nakanojima. L'expression « aller dans un temple sans bouddha » est proverbiale et qualifie une démarche inadaptée à son but.

6. La beauté et l'élégance de Kingo après sa sortie du quartier de

quitta le monde par amour pour cet homme. Quel changement quand on pense à l'existence qu'elle avait menée auparavant et quelle admirable résolution ! D'une manière générale, les courtisanes n'ont par leur pareil pour s'acquitter de leurs devoirs extérieurs tout en recelant de profonds sentiments au fond de leur cœur. Rien n'est plus intéressant. Quelle pitié que de dépenser son argent dans les bas-fonds ! Il faut à tout prix instruire ce riche villageois et lui faire découvrir la nage en haute mer. » Le laqueur hocha la tête : « Vous aurez beau lui parler, dit-il d'un air assuré, il ne bougera pas d'une ligne. » Mais toute chose vient en son temps.

A partir de la fin du septième mois, chaque maison de réception organisait des danses dans ses salons et même les bourgeoises venaient discrètement en admirer le spectacle. La maîtresse du riche paysan exprima elle aussi le désir de s'y rendre, mais l'homme ne voulut rien savoir. Cependant elle s'obstinait : « C'est aujourd'hui la grande réunion finale à la maison de l'Eventail. Allons voir cela, je t'en prie ! » En dépit de sa réticence, ennuyé par ses demandes répétées, il finit donc par s'adresser à un certain Shinkurô, parfumeur installé près de l'entrée occidentale de Shinmachi, qui débutait alors comme amuseur professionnel, et,

---

plaisir sont longuement décrites par Saikaku au chapitre IV,3 des *Chroniques libertines de grandeur et de décadence,* qui donne une autre version de ce rachat : « On a dit que cette courtisane avait été emportée par un *tengu* de Sanuki, il y eut aussi des rumeurs selon lesquelles elle aurait été la proie de Tarôbô [chef des *tengu* d'Atago] de Kyôto, mais c'est un riche client de la province de Misaka qui mit la main sur elle et l'installa dans le quartier de Tenma [à Ôsaka]. »

prenant avec eux la femme du laqueur, ils allèrent assister à la fête, chacun avec son escorte. C'était l'époque où la maison Sadoshimaya alignait des *tayû* en nombre : Takama, Ôshû, Agemaki, Kazuraki, Azuma, Murasaki, ainsi que Yoshida qui portait encore les manches flottantes[1]. Kindayû de la maison Atarashiya ne dérogeait en rien à son haut rang malgré sa petite taille. A la maison Tanbaya, Kozatsuma avec sa silhouette élancée était particulièrement élégante, Izutsu simplement splendide et Okoto malgré quelque chose de revêche dans ses traits attirait par son expression singulière. A la maison Akashiya, il y avait Morokoshi et Yoshino. Le nez aquilin de Segawa de chez Sumiyoshiya n'était pas déplaisant. Kimigawa de la maison Sakaiya l'emportait sur toutes ses consœurs par son esprit, malgré son allure nonchalante. Hatsuse de chez Matashichi étalait le luxe que lui procurait la faveur d'un riche client du Yamato. Dix-neuf *tayû* sur les vingt-quatre que comptait le quartier étaient réunies en un même lieu. Il y avait là en outre les *tenjin*, les *kakoi*, celles des courtisanes de rang inférieur qui possédaient une jolie voix, en tout cent trente-deux personnes, toutes coiffées du bonnet mauve des jeunes acteurs et frappant en rythme dans leurs mains. L'assistance était transportée par l'ondoiement des hanches ; le

1. Les enfants et les adolescents portaient des manches longues, ouvertes aux aisselles (*furisode*), tandis que les vêtements des adultes avaient des manches plus courtes et fermées. C'est normalement à l'automne de ses dix-neuf ans qu'une jeune femme cousait ses manches.

mouvement des pieds entrouvrant les pans des robes, les faisant virevolter, puis se retirant, était magnifique à voir. Sur les bancs au centre de la danse, des acteurs, des amuseurs, des clients amateurs de plaisirs. Trouverait-on même en Inde un spectacle aussi captivant ?

Déjà on regrettait la venue du soir, lorsqu'une *hashi-tsubo,* une de ces filles à un *monme*, rattachée à la maison Fujimiya[1] et qui s'appelait Katsunojô, vint par-derrière l'assistance en tenue de danseuse. Fendant la foule, elle pénétra dans le cercle et saisit sans plus de façons par le bras gauche le riche paysan. « Ouvrez-moi le chemin, lui dit-elle en se serrant contre lui, et emmenez-moi au milieu. » L'homme, oubliant tout, se mit de toutes ses forces à écarter les spectateurs attroupés autour de lui et fit danser la courtisane. Ce fut le début de leurs amours. Il ne quitta plus des yeux sa robe de bain à carreaux et ne cessait de la louer chaque fois qu'elle passait en tournant devant lui. Quand la danse se termina, il renvoya sa maîtresse chez elle, engagea le porteur de tambour Shinkurô et se laissa aller à sa soudaine passion. Dès lors il se mit à fréquenter les courtisanes. « Ah ! si seulement j'avais connu plus tôt leur tempérament ! » Il congédia sans tarder sa maîtresse ; dès la fin du mois, le logis de location ne fut plus qu'un souvenir : il le liquida jusqu'à la poussière et la cendre sous les chaudrons ; et il

1. Il y avait plusieurs établissements de ce nom avec des courtisanes de bas rang *(hashita jorô)* à Shinmachi.

mena joyeux train tous les jours. Peu de temps après, il sautait tous les échelons et engageait la *tayû* Echizen. Désormais il s'amusa en compagnie de Bokuhan qui fréquentait Kiriyama. « Voilà ce qui s'appelle s'amuser ! » s'accordèrent les deux compères : un peu plus de deux ans plus tard, il ne restait rien, comme de raison, de leurs fortunes.

Comme tout change en ce monde ! Kiriyama ne trouva personne pour la recueillir et disparut sans laisser de traces. Echizen succomba à la maladie. Ces deux *tayû* n'étaient plus qu'un souvenir du passé. Le riche client Bokuhan perdit peu à peu toute sa splendeur. Il fit divers métiers et finit par partager son logis avec un montreur de singes à

Takahara[1] où l'on fabrique des bols à thé. Pour survivre, il faisait la tournée des fabricants d'huile de coton[2] et foulait le mortier à pied jusqu'à ce que ses membres fussent engourdis de fatigue. Il n'en continuait pas moins à raconter à la cantonade les scènes de jalousie que lui faisait la courtisane Nagatsu de la maison de l'Eventail. Vaine consolation, dans la situation où il se trouvait !

Quant au notable de village de Kawachi, il vendit jusqu'aux landes, terrains montagneux et bois de bambous dont il avait hérité. Il ne pouvait plus revenir habiter au pays et sa famille se dispersa. Se souvenant de la route qu'il empruntait en venant de son village, il s'établit près du pont de Nakamichi à l'extrémité de Tamatsukuri[3], où il ouvrit une modeste échoppe de *mochi* *. Cependant, ultime coquetterie, sur le rideau suspendu à l'entrée de son commerce, il afficha une fleur de prunier, l'emblème de la courtisane Echizen.

1. Région d'Ôsaka s'étendant à l'est du pont Sueyoshibashi.

2. Huile extraite des graines de coton, destinée à un usage médical.

3. Tamatsukuri est une région d'Ôsaka à cheval sur les actuels arrondissements de Tennôji-ku et de Higashi-ku. Nakamichi est un village sur la route de Nara, traversé du nord au sud par la rivière Nekomagawa. Un pont en pierre dit Kuromonbashi y fut érigé par les autorités shôgunales en 1650.

III

TROISIÈME LIVRE

TABLE

1
Des beautés devenues aujourd'hui des poupées d'argile

Il faisait la sourde oreille aux remontrances répétées de son père et ne cessait de s'amuser avec les jeunes acteurs, se rendant soir et matin à Shijôgawara[1]. « Si le pont qui mène à ce quartier[2] s'est tant de fois effondré, c'est à cause de ces gaillards de satellites et d'acteurs qu'entraîne derrière lui ce riche client et qui le traversent sans ménagement », finit par conclure Hishiya Rokusaemon, préposé à l'entretien de l'ouvrage. L'homme n'avait pas d'égal dans la capitale d'aujourd'hui pour ce qui était de la dépense. Il était en outre d'une beauté exceptionnelle. Si des temps que nous n'avons pas connus ont eu leur Général[3], si une époque plus rapprochée pouvait s'enorgueillir d'un Sanza[4], aujourd'hui nous avons

1. Quartier des théâtres à Kyôto, à l'extrémité de la quatrième avenue, sur les berges orientales de la Kamo.

2. Le pont de Shijô avait été emporté lors de la crue du fleuve en 1667 et remplacé par un pont de planches dit « pont croulant » *(kuzurebashi)* réservé aux seuls piétons.

3. Ariwara no Narihira (825-880), célèbre poète et courtisan, petit-fils de l'empereur Heizei, parangon d'élégance et de beauté masculine.

4. Nagoya Sanzaemon, guerrier de la fin du XVIe et du début du XVIIe siècle, qui fut au service de Mori Tadamasa. Célèbre pour son élégance et sa beauté, son souvenir fut perpétué par le kabuki.

Quatre-Six[1], disait-on dans le monde où chacun le connaissait. Chaque jour, comme il allait son chemin, les filles d'Ishigaki[2] s'arrêtaient de manger et accouraient pour le voir; en l'apercevant, les servantes des maisons de thé laissaient tomber les tasses et en oubliaient leur travail. « Même les cerisiers des collines de l'Est ne peuvent se contempler tous les jours, grondaient patronnes ou maîtres de maison. Quand bien même ce serait un bouddha vivant, en voilà assez de le regarder ! Vous en serez bientôt à aller accomplir le pèlerinage de sept jours au Jizô qui guérit des yeux[3]. Voilà un client qui ne nous rapportera pas le moindre sou. Vous feriez mieux de vous occuper de ces retraités venus pour le spectacle. Pour chaque billet vendu, il y a un bénéfice de trois *mon*. Rien de plus simple. Un sourire et l'affaire est conclue. » A les entendre, qui ne leur aurait donné raison ? Si même celles qui, pour vivre dans ces quartiers élégants, étaient habituées au spectacle de la séduction masculine, s'amourachaient à la seule vue de cet homme, combien plus de simples bourgeoises devaient sentir vaciller leurs hanches ceintes de larges ceintures[4] ! Naître homme et recevoir par-dessus le

1. Surnom comme on en donnait aux clients dans les quartiers de plaisir, en décomposant le caractère « dix » (*jû*) qui entrait dans certains prénoms.

2. Quartier jouxtant au sud celui de Shijôgawara. De nombreuses maisons de thé y étaient installées.

3. Jizô du temple Chûgenji de la secte Jôdoshû à Gion-chô, au croisement de l'avenue Shijô et de la rue Yamato-ôji, réputé guérir les maladies des yeux.

4. La ceinture large, c'est-à-dire faite d'une bande de tissu non plié, était un signe de recherche et d'élégance.

marché la beauté en partage, voilà qui était le comble de la bonne fortune. En outre sa mère était veuve et riche, grande amatrice de pèlerinages : à ce compte on peut mettre le monde à ses pieds. Sans jamais rien emprunter, avec les seuls fonds dont il disposait, il déversait sur ce quartier des berges un flot d'argent ininterrompu, si bien que, des directeurs de troupe aux guichetiers, chacun le connaissait et que même les singes des minuscules théâtres de foire, grands comme un mouchoir de poche, reconnaissaient les traits de son visage et enlevaient leurs chapeaux de feutre en le voyant. Pour acquérir un tel degré d'influence en ce lieu, on peut estimer la dépense à quelque mille *ryô* par an. Il ne saurait y avoir d'erreur. Ici, même en dépensant cent *ryô* en une journée, on ne surprendra personne et nul ne s'en réjouira davantage qu'on ne se réjouit à Ise d'une offrande de douze *mon* aux divinités du sanctuaire.

Avec tout cela, ce riche client détestait les femmes, et n'avait jamais vu, même de loin, le spectacle offert par le quartier de Shimabara. Mais chaque chose vient à son heure. A force de réprimandes au sujet de ses frasques avec les jeunes acteurs, on finit par obtenir de lui une lettre où il s'engageait par serment à ne plus fréquenter dans l'avenir les théâtres, si bien que, par crainte des dieux, il s'abstint dès lors de mettre ne fût-ce que le bout de son nez dans une salle de spectacle. Et comme chacun s'en félicitait, disant que les années guérissent de tout, voilà qu'il se lance à corps perdu dans la fréquentation des courtisanes et se met à passer nuit et jour en compagnie de la nouvelle Morokoshi, sans qu'il y ait moyen de l'en empêcher. On essaya bien de lui faire comprendre le danger que courait sa fortune, mais il se mit à raisonner et à jouer au plus fin, arguant qu'il ne s'était pas engagé à ne pas fréquenter le quartier des courtisanes, si bien qu'on finit par le laisser tranquille et qu'il put s'amuser à sa guise. S'étant lassé de Shimabara, il se rendit dans la plaine de Musashi pour y rencontrer Komurasaki, que ses attraits rendaient célèbre. Mais à Edo, il y avait un homme aussi déterminé que lui, un certain Sanboku qui venait de racheter la courtisane à son patron, de sorte qu'il était impossible de retrouver sa trace. « Quel dommage d'avoir manqué de si peu l'occasion de la rencontrer ! Ah ! s'il s'en trouvait une qui lui ressemble ! Cela aurait valu la peine d'accomplir un si long voyage. » Mais il eut beau chercher, il n'en trouvait aucune qui convînt. Tomber amoureux d'une femme qu'on n'a jamais vue est une pratique qui appartient au passé, sans exemple de nos jours. Pourtant, il ne pouvait se consoler de la savoir aux mains d'un autre. Il aurait voulu la rencontrer ne fût-ce qu'en rêve, pour avoir quelque chose à raconter à son retour à Kyôto, mais il avait beau interroger, personne ne savait où elle était.

Un jour qu'il marchait dans une ruelle de Teramachi dans le quartier d'Asakusa, il aperçut une échoppe à moitié en ruine. Le store de roseaux laissait voir l'intérieur, et l'enseigne portait l'inscription « A l'effigie de Komurasaki ». C'était un fabricant de poupées en terre cuite dont l'air de distinction n'avait rien à envier à celui d'Arashi Saburôshirô lorsqu'il jouait les premiers rôles dans les théâtres de la capitale et que, vêtu d'un manteau de papier[1] en loques au-dessus d'une tunique blanche, il incarnait les fils de famille tombés dans la misère à cause des courtisanes. Intrigué par ces apparences, il s'approcha de lui : « Excusez-moi, monsieur, lui dit-il, mais s'il s'agit de l'effigie de Komurasaki, la ceinture en est trop étroite pour une courtisane. Vue de dos surtout, on dirait vraiment

1. Le tissu en papier ou *kamiko* était bon marché, mais protégeait bien du froid. Fabriqué avec une espèce de mûrier, le papier était enduit de *konnyaku,* puis de jus de plaquemine et ensuite blanchi au soleil et tordu. On l'exposait enfin à la rosée pour lui faire perdre son odeur.

une bourgeoise ! » « Si vous en voulez une, n'hésitez pas, repartit l'autre en riant. Je les vends un *mon* pièce. A ce prix, ne faites donc pas le difficile. Ce sont des détails dont on discute lorsqu'il faut débourser soixante-quatorze *monme.* » Et le premier, désireux d'en apprendre davantage : « Au fait, c'est justement avec l'intention d'engager cette courtisane à ce prix et jusqu'à l'expiration de son terme que je suis venu de Kyôto. » Et l'autre : « Ainsi donc la renommée des meilleures choses s'étend jusqu'à la capitale. Je me suis, moi aussi, épris de cette courtisane, au point de brûler d'amour pour elle depuis plus de trois ans. Comme il s'agissait d'une femme de la profession, je ne pouvais pas la séduire avec des lettres d'amour. Il ne me restait qu'à amasser de l'argent pour louer ne serait-ce qu'une fois ses services et dissiper ainsi une passion de plusieurs années. Je prélevai donc chaque jour trois *mon* sur mon maigre revenu. Il me fallut deux ans pour réunir la somme de soixante-quatorze *monme*. Deux jours me suffirent pour trouver un intermédiaire, emprunter un vêtement à un ami, choisir une maison de réception. Mais tandis que je m'attelais à ces préparatifs, elle se fit racheter, à mon grand désespoir, par un autre », raconta-t-il en versant des larmes d'homme.

Le client, touché par l'histoire, se dit : « Voilà de l'amour ! » et demanda où se trouvait Komurasaki. « A vous, un habitant de la capitale, je vais montrer ce qu'elle est devenue ! » et, se levant, l'homme se dirigea vers une ruelle du quartier des produits chinois[1]. Il y avait là, dans une modeste boutique, une femme qui conservait les traces de sa dignité passée. C'était donc la fameuse Komurasaki de chez Miura ! Elle avait changé son nom et se faisait appeler O-Ume. « Maintenant qu'elle est la femme d'un autre, à quoi bon soupirer pour elle ? Allons, renoncez. Il est bien d'autres objets d'amour. » Le client fit de l'homme son compagnon et ils se mirent à fréquenter sur un grand pied le quartier de San.ya[2]. Ils louaient de concert les services de la Takao et de l'Usugumo d'aujourd'hui, réservant à leur usage exclusif les salons de Chôbei la Moustache[3], et dépensèrent jusqu'à la dernière piécette les trois mille *ryô* apportés de Kyôto.

Le client partagea le logement de son compagnon. « Au moins, tirons notre subsistance du sol foulé par les courtisanes ! » se dirent-ils et, mêlant du sable du quartier des maisons de réception à la glaise de Kinryûzan[4], ils se mirent à fabriquer des effigies d'Usugumo et de Takao. C'était, comme dit le dicton, jouer dans l'eau quand on est fait de terre. Leur affaire périclitait et rares étaient devenus les jours où ils pouvaient allumer du feu sous la marmite. Pour tromper la faim qui ne leur laissait pas de répit, ils allaient chantant en chœur des

1. Karamono-machi. Il s'agit sans doute ici du quartier Nagasaki-chô dans l'île de Reiganjima, où étaient établis de nombreux commerces de produits importés du continent.

2. Autre nom de Yoshiwara, le quartier de plaisir licencié d'Edo.

3. Hige Chôbei, patron d'une maison de réception, l'établissement Kamakuraya, à Yoshiwara.

4. Nom couramment donné à la colline Matsuchiyama, sur les bords du fleuve Sumida, dans le quartier d'Asakusa à Edo.

chansons inspirées des airs de Kaga[1]. Sans argent et sans reproche, n'ayant plus personne à craindre en ce monde, ayant coupé tout contact avec l'extérieur, ils ne cessaient de parler entre eux de leurs exploits dans les quartiers de plaisir. Ainsi prit fin leur carrière. A moins de trente ans, la splendeur était derrière eux. Au seuil de la vieillesse, ne les attendait que l'incertitude. Ce riche client qu'avait été Quatre-Six fut, dit-on, renié par sa propre mère et vit passer en des mains étrangères l'héritage considérable qui l'attendait à Kyôto.

1. Les airs de Kaga (Kagabushi ou Kagatsubushi) furent en vogue pendant les ères Jôkyô et Genroku à Yoshiwara.

2

Un fils à contre-courant coupe les vivres à son père

« En voilà une étrange histoire ! En tout cas il ne faut pas rester enfermé chez soi. C'est en venant ici, qu'on ne s'ennuie pas ! Parmi les maisons de thé à l'entrée du quartier des maisons de réception, il en est une appelée Kikyôya[1] dont la patronne dite Man la Rusée est une ancienne surveillante qui fut préposée aux *tayû* Yatsuhashi et Yûgiri, une des premières de son métier. Puis, la chance aidant, la voilà devenue sa propre maîtresse et qui jouit du plaisir de se faire donner du “Madame”. Asseyez-vous dans cet établissement et observez le défilé des courtisanes : vous n'en verrez aucune qui soit déplaisante. Mais aucune non plus ne possède cette beauté qui vous fige sur place. Les courtisanes de notre temps ont de l'esprit, mais manquent de dignité. Jadis, Chitose ou Karazaki ne se faisaient pas seulement escorter par leurs apprenties et leur surveillante, mais encore par un de ces porteurs de sandales aux cheveux coupés sur les tempes, qu'on

1. Une des vingt maisons de thé établies à l'entrée de Yoshiwara, la première sur la gauche en pénétrant dans le quartier des maisons de réception. Man est mentionnée comme surveillante de la courtisane Yatsuhashi dans le répertoire *Yoshiwara daizassho*.

appelle *kutsu*. C'était, quand on y pense, la grande époque des quartiers de plaisir. On pouvait être sérieux comme Confucius lui-même, le matin on entendait la Voie et le soir on se rendait chez les courtisanes[1]. Foin des airs austères ! Tous les hommes ont cette faiblesse d'être sujets à la mort et le plus brave ne peut rien contre elle. Aussi bref que soit notre passage dans ce triste monde flottant, passons-le dans la contemplation de ces belles dames. Cela vaut tous les remèdes de longévité. Inutile de faire chercher au loin l'élixir de vie des immortels. Ignoriez-vous qu'une telle merveille se trouvait sous votre nez ? »

« Je voudrais d'abord entendre la suite de cette étrange histoire de tout à l'heure. » « Eh bien, qu'un fils ne sache plus que faire avec son père, que celui-ci fasse fi de toutes ses réprimandes au sujet de sa fréquentation des mauvais lieux, et que le fils finisse par lui couper les vivres, voilà qui est sans exemple en ce monde ! Le père de famille en question est un riche habitant d'Ise-machi[2] connu sous le nom de Grande-Coupe. S'enivrant de saké, il contrefaisait la nage ou la marche titubante du Shôjô[3], éprouvant d'ailleurs une prédilection pour les rouleaux peints représentant ce monstre ; s'il

1. Déformation plaisante d'un fameux propos de Confucius : « Si le matin on entend la Voie, on peut bien mourir le soir » (*Entretiens*, IV, 8).

2. Voir p. 92, n. 3.

3. Monstre marin à visage humain et à corps animal, d'origine chinoise, le Shôjô manifeste un goût très vif pour le saké. Il est le héros d'un nô célèbre.

fallait choisir une maison de réception, son choix se portait naturellement sur l'établissement à étage d'Izumiya Hanshirô[1]; enfin, il avait noué une étroite relation avec la courtisane Komondo de chez Yamamoto Chôzaemon[2]. Il ne fallut guère plus de deux ans pour que les entrepôts de sa maison se vident. A soixante ans passés, il se mettait de la pommade sur les tempes et dépensait son argent, bien résolu à mettre fin à ses jours en compagnie d'une courtisane.

« Cependant, son fils à vingt-huit ans n'avait jamais foulé les nattes d'une maison de réception. Il s'était toujours contenté du premier pagne de soie que sa tante de Nakabashi lui avait offert dans sa septième année[3] et il ne s'intéressait qu'aux moyens de gagner de l'argent. Si ce modeste débit de saké était devenu une maison de gros sans rivale dans tout Edo, ce n'était dû qu'à ses efforts. Cependant le père dissipait une grande partie de la recette, mettant en danger l'équilibre financier de la maison, au grand désespoir du fils. Ce dernier se tourna vers le temple familial de Komagome[4], ainsi que vers la confrérie amidiste de son père:

1. Maison de réception à Yoshiwara Ageya-chô. Le nom « Izumi », qui signifie « source », fait écho au mot « saké ».

2. Maison de courtisanes à Yoshiwara Shinmahi.

3. Le revêtement du premier pagne par le garçon donnait lieu à une cérémonie (*kakizome*). Nakabashi est un quartier d'Edo proche d'Ise-machi.

4. Quartier d'Edo, dans l'actuel arrondissement de Bunkyô-ku, où étaient établis de nombreux temples. En vertu d'une mesure destinée à éradiquer le christianisme, chaque famille devait être affiliée à un temple bouddhique.

“Votre fils a raison sur tous les points, lui dit-on. On connaît par le monde de mauvais enfants qui empruntent de l’argent contre promesse de rembourser au double à la mort de leurs parents, mais on n’a jamais entendu que des parents se procurent des fonds en promettant de rembourser au double le jour où ils seront délivrés de leurs enfants ! Cessez de fréquenter les quartiers de plaisir !” Mais on avait beau le gourmander, il ne voulait rien entendre : “Oui, vraiment, répondit-il, il n’est pas facile de s’arrêter lorsqu’on s’est engagé dans cette voie. Si vous voulez nous départager avec équité, faites en sorte que je reçoive comptant des mains de mon fils la somme de mille cinq cents *ryô*. Quant à moi, je m’engagerai par écrit à quitter la maison et à rompre toute relation avec mon fils.” On accéda à sa requête, on lui compta ses pièces d’or et on chassa le vieil homme de la maison. Ce monde a beau être vaste, on n’y trouvera pas un second imbécile comme lui. Mais j’y pense : dans le quartier d’Ôdenma-chô [1], il y avait un marchand de coton amateur de plaisir. Il avait épousé une beauté, ce qui ne l’empêchait pas d’entretenir une maîtresse au-dehors. Compréhensive et voulant lui épargner les va-et-vient, sa femme installa la concubine dans la maison. Mais celle-ci se montra jalouse de l’épouse légitime, lui causa mille désagréments

1. Quartier d’Edo, aujourd’hui appelé Nihonbashi Ôdenma-chô, dans l’actuel arrondissement de Chûô-ku. Il doit son nom au service de la poste qui y fut installé au début du XVIIe siècle par Tokugawa Ieyasu. De nombreuses maisons de commerce vinrent s’y établir par la suite.

et ne tarda pas à obtenir son renvoi. Voilà encore un cas curieux. Le monde à l'envers ! »

« Au fait, qu'advint-il de ce Grande-Coupe ? »

« Avec les mille cinq cents *ryô* qu'on lui remit, il engagea la courtisane Kozatsuma de chez Manjiya de Sumi-chô et dépensa toute la somme jusqu'au dernier *ryô* sans penser au lendemain. On n'a jamais vu personne se ruiner avec autant d'application. Désormais, il loue un misérable logis au fond d'une ruelle, dans le sixième bloc du quartier de Kôjimachi [1], où il

1. Quartier d'Edo, dans l'actuel Chiyoda-ku, à l'extrémité ouest de la ville, le long de la grand-route de la province Kai.

confectionne de l'émincé de carpe qu'il va vendre dans les rues de la ville. “Le destin n'a qu'à faire le tour de l'assiette[1]”, lui disent en riant les clients, mais sans leur prêter aucune attention, il enveloppe, pour qu'on voie qui il est, ses couteaux dans des lettres reçues autrefois du quartier de plaisir, n'ayant rien perdu de sa superbe malgré sa déchéance. “Je ne regretterai qu'une seule chose, déclare-t-il, c'est de mourir sans avoir rencontré la courtisane Hanamurasaki de chez Miura. Je ferai tout pour réaliser ce désir avant ma mort. Ma constitution est robuste et, même sans prendre soin de ma santé, je compte vivre pendant encore au moins trente ans. Mon fils se mariera bientôt : je ne lui donne pas plus de trois à cinq ans avant qu'il ne laisse la vie dans ce mortel combat. Et comme les biens du fils sont aussi ceux du père, j'hériterai de la totalité de sa fortune. C'est alors que l'arbre refleurira ! C'est alors que je retrouverai Hanamurasaki[2] ! Je t'en supplie, hâte-toi de trouver une compagne robuste à mon gredin de fils.” Il est comique de l'entendre adresser cette vaine prière au dieu des unions. Son vœu se réalisera-t-il un jour ? »

1. Expression proverbiale et allusion, ici, aux assiettes sur lesquelles le vendeur dispose l'émincé (*sashimi*) de carpe.

2. Il y a ici un jeu sur le sens du premier élément du nom Hanamurasaki, *hana*, qui signifie « fleur ».

3
Quand on fait les comptes : la dépense s'élève à deux cents **kanme**

Un riche marchand possédait devant le Tôdaiji, dans la capitale du Sud[1], un magnifique établissement spécialisé dans le prêt aux brasseurs de saké. Surnommé Senninbô, c'était un amateur de plaisir connu de toute la ville. Toujours fourré à Kitsuji ou Narukawa, les quartiers de plaisir du lieu, il vivait de songe en songe, sans remarquer le jour qui se lève, dépensant sans compter. Cependant à Nara, on ne distingue pas les rangs des courtisanes : un seul prix de quinze *monme* s'y applique pour toutes. La somme paraîtra dérisoire, mais lorsqu'on entend faire la fête avec éclat, la dépense peut être considérable.

« Dire que plus de cinq ans, cet homme s'est contenté des plaisirs du lieu, sans connaître ni Shimabara ni Shinmachi, sans se livrer à aucune folie de quelque conséquence ! Le soir on prend du saké, la nuit venue on partage son oreiller avec une

1. Nara, qui fut la capitale du Japon pendant la plus grande partie du VIIIe siècle avant la fondation de Kyôto en 794. Le Tôdaiji, centre de la secte Kegon et l'une des grandes institutions religieuses du Japon ancien, fut construit en 752 par l'empereur Shômu. Il est célèbre pour la statue géante du bouddha Vairocana qu'il abrite.

courtisane. Ni débats amoureux ni rivalité, aucune de ces délicatesses qui mettent en joie la partenaire. Les courtisanes se donnent de mauvais cœur, contraintes et forcées par leur condition de femme vénale, et vous détestent toutes autant qu'elles sont. Et c'est à force de multiplier ces plates distractions qu'il a fini par compromettre sa fortune, tel un bouddha de terre qui s'amuserait à des jeux d'eau ! Comment peut-on engloutir une somme de sept cents *kanme* avec des courtisanes qui se louent pour quelque chose comme quinze *monme* ? » n'en revenait pas un homme bien au fait de l'état de ses finances. « A supposer qu'on engage chaque jour toutes les filles de l'endroit, cela fait dix-huit *kakoi* à quinze *monme*, soit deux cent soixante-dix *monme*, et quatre-vingt-dix-sept courtisanes de bas rang dont le prix va d'un *monme* à deux *fun*. Sur la base d'une dépense totale de cinq cents *monme* la journée, cela donne cent quatre-vingts *kanme* l'an. Or l'addition de ce client s'est élevée à plus de deux cents *kanme* par an ! Comment a-t-il pu dépenser tant d'argent ? » se creusait inutilement la tête le porte-tambour Uchiwaya Kenshichi. Voilà qui est indigne d'un connaisseur passant sa vie dans les quartiers de plaisir ! Les sommes qu'on dilapide dans ces endroits n'ont rien à voir avec pareils calculs. C'est comme les menues dépenses qui, dans les budgets familiaux, finissent par l'emporter sur l'article du riz. De même avec les courtisanes : outre le prix de leurs services, une foule de frais sont à prévoir. Lorsqu'on élève une lanterne de pierre devant le bouddha dans un temple ou qu'on installe un bassin à ablutions devant la divinité d'un sanctuaire, on prend soin d'y graver son nom et l'on fait parler de soi pendant des générations. Quelque somme qu'on dépense chez les courtisanes, pas moyen de pérenniser son nom : y laisserait-on dix mille *kanme* que le monde n'en saurait rien !

Ce Senninbô avait eu la chance de naître en un temps de prospérité[1]. Combien de fois ne s'était-il pas rendu de Nara à Kyôto en chaise à porteurs fermée, en compagnie d'au moins une dizaine de courtisanes ! Ces parties de plaisir encore inouïes

1. La première moitié du XVIIe siècle jusqu'à l'ère Kanbun (1661-1673) est marquée par une forte croissance économique, suivie d'un ralentissement à partir de l'ère Enpô (1673-1681).

lui coûtaient à chaque fois plus de cent *ryô*. Pourtant, dans ce même village de Kasuga[1], de pauvres gens devaient se contenter d'infusion de riz grillé en guise de thé et, malades, rêvaient de manger de l'émincé de requin[2] avant que de mourir. D'autres, engagés comme choristes pour une représentation publique de nô à Ôsaka, achetaient du sel sur le chemin du retour[3]. Quand on voit pareille gêne, on n'imagine pas qu'on puisse vivre un seul jour à son aise dans cet endroit ! Mais il y a Nara et Nara, et la présence d'un tel client témoigne de la largeur d'esprit de cette ancienne capitale.

Senninbô finit par dissiper tout ce qu'il possédait. Il ne restait plus rien de sa fortune. De toute sa domesticité, seule la courtisane Onojima, sa favorite, qu'il avait rachetée autrefois à son patron, était restée auprès de lui. Il alla se réfugier à l'est du temple Gangyôji[4] et vécut misérablement, fabriquant des mèches de lampe afin de se nourrir au jour le jour. Onojima cependant lui restait fidèle. Renonçant à son ancienne élégance, elle se fit un tablier avec un vieux *furoshiki*, des cordons pour relever les manches avec des ceintures rapiécées et s'adonna à d'humbles travaux, de ceux qu'on finit toujours par apprendre dans le besoin. Ses doigts

1. Nom poétique de Nara.

2. Nara étant éloignée de la mer, on y consommait de préférence des poissons dont la chair se conserve bien, tel le requin.

3. Le sel qu'on produisait en brûlant des algues au bord de la mer était plus cher à Nara, située loin des côtes.

4. Anciennement un des sept grands temples de Nara, rattaché à l'origine à la secte Kegon, puis au Shingon.

habitués au *koto** et au *shamisen* faisaient maintenant tourner la manivelle d'un moulin à grains. Leur situation n'en restait pas moins précaire et souvent il n'y avait pas de quoi faire du feu sous la marmite. Mais elle ne s'en plaignait jamais et s'occupait de son mari, cherchant à lui complaire en tout. Comme il continuait à prendre du saké trois fois par jour, elle allait à chaque fois lui en acheter pour six *mon*, prenant avec elle un flacon vide. Ceux qui l'apercevaient alors ne pouvaient retenir leurs larmes.

Tandis que les jours et les mois de cette existence s'accumulaient, elle se mit à porter, bien malgré elle, le fruit de leurs amours. Le mois de la délivrance approchait, sans que rien ne fût prêt. « Ça y est », fit-elle seulement quand les douleurs la prirent. Ils n'avaient pas alerté de sage-femme, si bien que l'homme dut lui-même s'agripper aux hanches de sa femme, préparer de l'eau chaude, en un mot, s'en tirer tout seul, ce qu'il fit à merveille. Quand tout fut terminé, les premiers vagissements du nouveau-né leur firent comprendre qu'il s'agissait d'un beau garçon. La joie du couple fut sans limite et ils placèrent tous leurs espoirs dans l'enfant.

La fortune des hommes est incertaine. Si l'enfant était né un an ou deux plus tôt, nourrices et suivantes auraient fait virevolter autour de lui les pans de leurs belles robes de brocart lors de sa première visite au sanctuaire, et tout se serait déroulé avec la plus grande solennité. Mais dans la situation où se trouvait la famille au moment de sa naissance, il ne fallait même pas songer à trouver de vrais langes : on le couvrit comme on put avec des bouts de tissu de papier cousus ensemble et on lui revêtit par-dessus une armure d'enfant qu'on avait fabriquée pour la fête de la divinité [1]. Il était comique de voir un nouveau-né revêtir sa première armure avant même que ne soit levée la souillure de la naissance [2]. Mais au point où il en était, l'homme n'avait plus rien à cacher à personne et, l'enfant sur les épaules, il se rendit au sanctuaire de Kasuga [3]. « La divinité prendra sûrement en pitié cet homme pour l'avoir connu au temps de sa prospérité », se disaient en le reconnaissant les huit cents desservants du sanctuaire, et ils se frappaient dans les mains de surprise. Mais il ne prêtait pas attention à leur étonnement. « Voici le jeune homme que m'a donné ma courtisane préférée ! » annonçait-il à chacun en soulevant la cotte de mailles de façon à découvrir la verge de l'enfant et à prouver à tous que c'était un garçon. Enfin il s'en retourna chez lui. Onojima, qui était restée fidèlement aux côtés de cet homme sans oublier la reconnaissance qu'elle lui devait pour son rachat, s'attira la sympathie générale. Par la suite, tous deux entrèrent en religion et vécurent dans un recoin du village d'Akishino [4].

---

1. Sans doute s'agit-il de la fête du sanctuaire Wakamiya associé au sanctuaire principal de Kasuga. En effet, des enfants figuraient dans la procession de caractère guerrier organisée à cette occasion.

2. C'est-à-dire cent vingt jours après l'accouchement. C'est dans leur onzième année que les enfants de guerriers revêtaient pour la première fois l'armure et le casque.

3. Célèbre sanctuaire élevé au VIIIe siècle à Nara, dans la lande de Kasuga, par les Fujiwara, qui en firent leur sanctuaire familial.

4. Lieu-dit aux environs de Nara, aujourd'hui englobé dans la ville. Akishino est un nom de lieu poétique.

IV

QUATRIÈME LIVRE

TABLE

IV,1

Komondo d'Edo et Morokoshi de Kyôto

Une maison de thé prépare des plats sur commande.
Les courtisanes se confient entre elles leurs clients.
Il s'éprend un temps de Kofuji de la maison Aoki.
Les caprices du sort sont imprévisibles.
Les boîtes de tabac ne font guère fumer la cheminée de la cuisine.

IV,2

En pèlerinage à Ise pour le Nouvel An
Le son du koto *dans une chaumière*

Elle met en pièces sur-le-champ la coupe précieuse.
S'il est quelque chose de beau, c'est Kindayû.
Un fin connaisseur : Gojônoichi.
Le brame du cerf de Nagasaki[1].
Yoshino[2]*, la fleur vivante.*

IV,3

Le vent d'amour fait monter les prix,
puis ramène aux filles les moins chères

Echoppes de porteurs de chaises.
On voudrait connaître le temps trois jours à l'avance.
Ceux qui se sont moqués de Wankyû.
La maison de réception fait ses calculs.
Tout change en ce monde, même les clients des quartiers de plaisir.

---

1. Jeu sur le mot *shika,* nom du client qui rachète la courtisane Yoshino dans ce chapitre, mais aussi « cerf ».

2. Jeu sur le nom de la courtisane Yoshino et le mont Yoshino, célèbre pour ses cerisiers.

1
Komondo d'Edo et Morokoshi de Kyôto

Au fin fond du Kantô [1], il y a aujourd'hui encore des endroits où le *koku* de riz vaut dix-huit *monme* [2]. Et pourtant là aussi, on trouve de pauvres hères incapables de joindre les deux bouts. Certains, installés à Edo, n'ont de leur vie tenu en main un *koban*. D'autres au contraire dépensent tous les jours cinq ou six *ryô* dans les mauvais lieux. En estimant la durée d'une vie humaine à soixante-cinq ans, leurs descendants, prétendent-ils, ne devraient manquer de rien pendant vingt-huit générations. De Yoshiwara ils font leur demeure et ne reviennent chez eux que les jours anniversaires de la mort de leurs parents. Vaines rodomontades : il y a tout à parier qu'ils s'embrouilleront dans leur compte et qu'ils ne tarderont pas à se retrouver sur la paille.

Les temps ont changé et les gens sont devenus retors. Jamais il n'a été plus difficile de gagner de l'argent qu'aujourd'hui. Dernièrement, une maison

---

1. Le Kantô regroupe les provinces orientales autour d'Edo, par opposition au Kansai ou au Kamigata, provinces centrales autour de la ville de Kyôto.

2. Le *koku* (environ 180 litres) valait dix-huit *monme* au début du XVIIe siècle. A l'ère Genroku, il oscillait entre cinquante et soixante *monme*.

de thé de Kinryûsan[1] s'est mise à proposer du thé de Nara à cinq *fun* la part, servi, qui plus est, dans une grande variété d'élégants ustensiles : une excellente affaire pour les plus démunis. Même dans le Kamigata, il n'y a jamais eu rien de si commode. Que dire alors des filles non licenciées de Shimizu-chô[2] qui, pour cent *mon*, vous servent saké et amuse-gueule et vous reçoivent avec toutes sortes de prévenances ? Ou encore des filles des maisons de thé de Fukagawa Hachiman, bien plus élégantes que celles de Honjô et de Tsukiji[3], et qui font penser à celles du quartier de Gion[4] à Kyôto ? Leurs tarifs fixes d'un *bu* pour deux clients à l'intérieur de l'enceinte et d'un *bu* pour trois à l'extérieur sont tout à fait raisonnables. Alors qu'on pourrait croire que les femmes sont rares à Edo, on y tombe partout sur des sites célèbres pour leurs courtisanes. Il ne faut pas penser non plus que toutes les courtisanes de San.ya sont inabordables[5]. Celles dont les boutiques aux rideaux teints au jus

1. Appellation commune de la colline où s'élève le temple du même nom, plus connu sous celui de Sensôji, dans le quartier d'Asakusa. Ce temple où l'on vénérait une image du bodhisattva de la miséricorde Kannon était l'un des plus fréquentés par la population d'Edo.

2. Quartier d'Edo dans l'actuel Kuroda-ku.

3. Ces trois quartiers sont cités en tête de la liste des mauvais lieux d'Edo qu'explore Yonosuke au chapitre II,6 de *La Vie d'un libertin*. Fukagawa, à l'est du fleuve Sumida, gagné sur la mer au début du siècle, était construit autour d'un sanctuaire shintô consacré à la divinité Hachiman. De nombreuses courtisanes s'y étaient installées.

4. Environs du sanctuaire de Gion (Yasaka-jinja) dans l'arrondissement de Higashiyama, où étaient installées de nombreuses maisons de thé dont les filles se livraient à la prostitution.

5. Les courtisanes de Yoshiwara étaient connues et admirées pour leur force de caractère (*hari*). Voir *La Vie d'un libertin*, VI,6 : « Une

de plaquemine bordent le fossé de Shinchô ne coûtent qu'un *monme* d'argent ou cent *mon* en monnaie de cuivre. Elles n'en sont pas moins de vraies courtisanes par leur tempérament. Leurs pagnes sont de soie, elles se servent de mouchoirs de papier aux bords rognés et serrent leur bouche en cul de poule en maniant le cure-dent. Même chez les plus modestes, les manières de Yoshiwara se distinguent de toutes les autres.

Un jour qu'il s'était rendu dans le quartier des maisons de réception, l'homme s'attarda à la véranda de Chôbei la Moustache[1]: « Il y a longtemps que je ne suis pas venu vous voir! Votre épouse ne cesse d'embellir. Prenez garde à votre santé, patron! » La plaisanterie fut suivie de grands éclats de rire. Tandis qu'on prenait du saké, on annonça la venue de dame Komondo et la conversation, fort animée, prit un tour sentimental: « Comment se porte mon client dans le Kamigata? » « A merveille. Mais en voilà un qui ne peut se passer d'amour, où qu'il soit. A Kyôto il a fréquenté la nouvelle Morokoshi de chez Ichimonjiya, à Ôsaka c'est Ogino de la maison de l'Eventail. Mais il sera bientôt de retour. Questionnez-le et pincez-le bien pour le punir. » « C'est moi-même qui lui ai indiqué ces dames Morokoshi et Ogino et s'il les a vues, c'est avec mon accord. Pas plus tard qu'aujourd'hui, M. Kiyo de Tenmachô[1] m'a fait parvenir une lettre de dame Morokoshi, que j'ai lue avec le plus vif intérêt.

---

courtisane de la capitale, avec la force de caractère d'Edo, dans une maison de réception d'Ôsaka: saurait-il y avoir rien de meilleur? »

1. Voir p. 117, n. 3.

Depuis peu, m'écrit-elle, je prends soin de votre client favori que je trouve absolument charmant. Le laissant entrer dans mon lit, je refusai de me donner à lui. Ses airs dépités étaient du plus haut comique. Tant que vous ne m'aurez pas fait parvenir une lettre avec votre arbitrage, je n'ai pas l'intention de dénouer ma ceinture. Néanmoins c'est un homme précieux et j'envie l'affection qu'il vous porte depuis des années. Vous m'écrivez que vous avez rencontré Niroku de la maison Izutsuya de Honmachi[2]*. C'est un homme à qui j'ai été très liée et je vous prie de veiller sur lui pendant son séjour à Edo.*

« En vérité, même à une distance de mille lieues, par-delà les fleuves et les montagnes, une femme de la profession ne saurait dissimuler ne serait-ce qu'un grain de beauté ! La honte est notre partage. Nul besoin de se rendre sur place pour savoir ce qui se passe à Kyôto ! On s'entend bien entre fines mouches et gros buveurs ! » lui dit-elle tout en lui versant à boire. « Le saké que vous avez effleuré de vos lèvres possède une saveur incomparable ! C'est que votre conversation est pleine d'esprit et je ne me lasse pas de vous entendre. Les courtisanes ont beau être formées comme des professionnelles, il leur arrive de tomber sur un homme inoubliable et d'éprouver un sentiment authentique. En tout cas,

1. Kiyosama, un sobriquet de Yoshiwara, désigne sans doute un riche marchand, peut-être un négociant en coton, en rapport régulier avec le port d'Ôsaka.

2. Quartier de Kyôtô situé entre la cinquième avenue et le temple Tôfukuji. Niroku (Deux-Six) est un sobriquet des quartiers de plaisir.

il n'est de vrais plaisirs que dans une relation durable. Je m'étais moi-même profondément attaché à Kofuji de la maison Aokiya au début de cette année, au point d'engager des pourparlers en vue de son rachat. Mais pour quelque raison l'affaire a traîné en longueur et pendant ce temps un certain Koichi me prenait de vitesse. J'aimerais bien la revoir, ne serait-ce qu'une fois, sous l'aspect d'une bourgeoise, mais j'ignore où la trouver », se plaignit l'homme. « C'est que vous avez tardé avec les semailles. Autrement vous l'auriez déjà découverte, plaisanta l'acupuncteur Dôan, toujours de joyeuse humeur. Pour ma part, je me suis renseigné, et je sais où pousse cette herbe d'amour. Puisque vous vous intéressez à cette personne : Yanagiwara[1], tel endroit, la maison Toshimaya. »

Etant allé jeter un coup d'œil de loin, l'homme aperçut Kofuji en ménagère. Il fut amusé de la voir tendre des pièces de cuivre pour acheter du sel, elle qui jadis ne touchait jamais à l'argent. « L'époux de cette femme doit connaître un profond bonheur. Si un jour par hasard il s'en lassait et la répudiait, j'aimerais alors qu'elle soit à moi. » Tel est le vœu impossible qu'il formule devant le bodhisattva Kannon d'Asakusa. En vain. Un homme qui avait surpris sa prière : « En vérité, voilà une demande stupide, le morigéna-t-il. Pourquoi vouloir rencontrer des *tayû* ou des *kôshi* ? Nécessité fait loi ! On peut fort bien se consoler quelque temps avec une

1. Région d'Edo comprise entre les ponts Sujikaibashi et Asakusabashi sur les berges méridionales de la rivière Kanda.

sancha. » L'autre n'était pas homme à s'en laisser conter, mais rien n'est plus cruel que les ennuis d'argent, et il se mit à fréquenter discrètement des courtisanes de rang inférieur. Le connaisseur des usages des quartiers de plaisir, qu'on surnommait jadis « l'homme invisible de Nakabashi [1] », finit par venir à bout d'une fortune qu'il croyait inépuisable. Impossible dans cet état de traverser le quartier des maisons de réception, où pourtant il n'avait pas laissé de dettes. Avec le peu qui lui restait, il se mit à fréquenter les prostituées de bas étage installées le

1. Parce qu'il se dissimulait sous un chapeau conique, selon l'usage des clients des quartiers de plaisir. Sur Nakabashi, voir p. 121, n. 3.

long des douves, dont il moquait jadis les clients. Mais il dut se faire à sa nouvelle condition. Un jour qu'une averse l'avait surpris sur le chemin du retour, enveloppant ses sandales dans du papier et les accrochant à la ceinture, enlevant ses chaussettes et les fourrant dans sa poche, il s'en revenait dans l'obscurité le long de la digue, bien content que sa maîtresse ait accepté de lui prêter un méchant parapluie laissant passer l'eau à l'endroit du manche, quand il aperçut avec envie un homme escorté par trois employés d'une maison de réception. Deux lanternes frappées d'une fleur en losange éclairaient son chemin et il s'avançait à l'abri d'un grand parapluie tenu au-dessus de sa tête, vêtu d'un riche manteau à manches larges. La lumière permettait de voir son visage. C'était Kiheiji, un commis qui avait travaillé pour son père, et qu'il avait chassé parce qu'il ne le trouvait pas à son goût. Mais la chance lui avait souri. Son affaire avait prospéré au point qu'il pouvait fréquenter une *tayû* et il était dans la fleur de l'âge.

Le monde n'allait décidément pas comme on le voulait, à quoi bon continuer à vivre ? De quel karma avait-il hérité pour persister ainsi dans la Voie du plaisir malgré l'état de sa fortune ? Il prit de bonnes résolutions. Il jura un soir de ne plus jamais retourner au quartier de plaisir, mais le lendemain, il se sentit comme entraîné malgré lui et se remit à fréquenter les courtisanes sans même se dissimuler aux regards des gens. Une certaine Kichinojô, une fille à un *monme*, lui inspira une affection qu'il n'avait jamais ressentie pour une *tayû*. Ils ne voulaient plus se séparer. Son temps de service ayant expiré, à l'issue de l'année supplémentaire, elle se retrouvait libre, mais elle était dans l'embarras, ne pouvant rembourser un reliquat de quelque quarante-sept *monme* qu'elle devait encore à son patron. Il fallait absolument intervenir. Par miracle, il lui restait un service d'ustensiles portatifs qu'il utilisait au temps de sa splendeur. Il le vendit pour solder les dettes de Kichinojô, et la recueillit chez lui, résolu d'en faire sa femme. Ils s'installèrent dans une ruelle de Yokoyama-chô[1], goûtant au bonheur conjugal et survivant péniblement grâce à la fabrication des boîtes à tabac en papier. L'été ils se dispensaient de moustiquaire, l'hiver de vêtements doublés. Le temps passait, les années s'accumulaient. Quatre filles leur étaient nées, de trois ans en trois ans : un désastre pour un ménage aussi précaire. Il avait pourtant entendu dire qu'une courtisane ne porte pas d'enfants, mais on ne pouvait se fier à rien en ce bas monde. Pour éviter un nouvel accroissement de la famille, tout en continuant à partager le même oreiller, ils restèrent onze ans, à l'insu de tous, sans rien faire. Ils avaient beau passer pour des époux, ils s'étaient privés d'une des joies de l'existence.

Depuis le troisième volume et jusqu'à cet endroit, il s'agit de l'écriture authentique de Saikaku.

---

1. Quartier d'Edo dans l'actuel arrondissement de Chûô-ku, entre le pont Tokiwabashi et Asakusa, abritant des commerces variés (merciers, pharmaciens, libraires).

2
En pèlerinage à Ise pour le Nouvel An
Le son du koto dans une chaumière

Lorsqu'on rachète une courtisane, il faut savoir l'affronter sur le terrain de l'élégance. Récemment vivait à Kyôto un certain Sanboku[1], un amateur de plaisir habitué de Shimabara. A la *tayû* Morokoshi de la maison Ichimonjiya, il avait préféré Kindayû de chez Kanbayashi, femme d'une distinction irréprochable. Après l'avoir rencontrée à deux ou trois reprises, un jour où chacun avait bu plus que de raison, il sortit d'un air important une pièce d'un *bu* et l'offrit à la courtisane. Celle-ci, l'air ravi, accepta l'argent sans mot dire. Sanboku, un connaisseur et un homme de la capitale, ne manqua pas de remarquer son expression. Il en fut déconcerté et jugea choquante cette attitude indigne d'une *tayû*. Quelques jours plus tard, il lui faisait présent d'une grande timbale en or ainsi que d'une coupe à saké en corail. Mais la courtisane ne manifesta aucune satisfaction. Elle fit tenir la timbale en or à l'employé chargé de balayer la cour. Quant à la coupe

1. Il s'agit peut-être d'une allusion à un personnage réel, Sanboku Kendayû, un marchand de Kyôto habitué des quartiers de plaisir. Cependant ce même nom est donné au chapitre III,3 à un *daijin* d'Edo.

précieuse, l'ayant placée sous la table du jeu de *sugoroku*, elle la réduisit en miettes et la jeta. Impressionné par le désintéressement et la conduite impeccable de la courtisane, l'homme en fit dès lors le plus grand cas et la racheta sans autre forme de procès. Ce riche client entretenait chez lui cinq à sept *tayû*, sans que l'état de ses affaires s'en trouvât compromis.

Autrefois, un client de Nagasaki dit Shika, qui ne possédait pourtant pas une si grande fortune, s'était mis à rencontrer régulièrement la Yoshino précédente. Comme il le lui avait promis dès leur première rencontre, il s'était mis en tête de la racheter sans tarder et d'en faire son épouse légitime. Voilà qui est une chance pour une courtisane ! Il avait placé en dépôt à la maison de change Tôjin.ya de Kyôto la somme de trois cents *kanme*. Ayant choisi un quartier agréable à la capitale, il y acquit une résidence, puis retira l'argent qui devait lui permettre de vivre jusqu'à la fin de ses jours et racheta Yoshino pour la somme de mille trois cents *ryô*. Lorsqu'il se fut acquitté de tous les frais, il ne lui restait que sept *kanme* du capital initial. Seul un amateur de plaisir de tout premier ordre pouvait procéder à un rachat dans ces conditions. Quant à cette *tayû*, elle ne montrait aucune des manières caractéristiques des courtisanes. Avare de ses paroles, elle dissimulait sa force sous une apparence de fragilité. Profondément sensible, elle produisait une impression durable sur tous les hommes qui venaient à la rencontrer. Innombrables étaient ceux qui guettaient la première occasion qui leur permettrait de la racheter. Dépités de la voir mariée, certains cessèrent de fréquenter Shimabara. D'autres changèrent de plaisir et comme Shimabara avait perdu tout attrait pour eux, se mirent à fréquenter les jeunes gens sur les berges consacrées à l'amour. Tout Kyôto se languit après Yoshino lorsqu'elle eut quitté le quartier de plaisir.

Celle-ci prit dès lors l'apparence d'une bourgeoise ordinaire. Quand venait le temps des pruniers de Naniwa, que les cerisiers du Tennôji étaient en pleine fleur, ou que le crépuscule tombait sur les glycines de Tanimachi, elle se dissimulait le visage derrière le pan de son *kazuki* * teint à la « façon du Palais[1] ». Renonçant à ses manières flamboyantes de jadis, elle semblait redouter le regard des hommes. Mais elle avait beau aller vêtue discrètement d'une robe de taffetas noir sans motifs avec une ceinture de gros-grain, Yoshino n'en écrasait pas moins sous ce déguisement les milliers d'élégantes faisant étalage de leur beauté. Elle attirait les regards de tous les passants, qui se demandaient quel artiste avait pu sculpter une figure aussi parfaite. On ne peut qu'admirer le coup d'œil exercé des gens de ce monde, capables de reconnaître dans cette silhouette d'à peine cinq pieds de haut un chef-d'œuvre valant son pesant d'or.

1. *Goshozome,* style de teinture inventé au cours de l'ère Kan.ei (1624-1644) dans l'entourage de Tôfukumon.in, fille du second shôgun Hidetada et épouse de l'empereur Mizunoo. Il devait ensuite se répandre parmi les citadins. Au chapitre I,1 de *Vie d'une amie de la volupté,* Saikaku en attribue plaisamment l'invention à l'héroïne de son roman, fille d'un courtisan.

Comme Shika la ramenait en bateau dans sa ville natale de Nagasaki, au lieu-dit Grève du Mouillage[1] dans la province de Sanuki, tandis que la lune de cette nuit d'été brillait sur le sable de la plage, une Femme Dragon[2] apparut parmi les flots et l'on entendit sa voix dans les airs clamant : « Je veux voir Yoshino qui s'en vient de la capitale ! » Que ceux qui n'ont pas vu cette courtisane en concluent quelle était sa beauté ! On a beau être riche, il est stupide de se livrer à de telles dépenses, penseront sans doute ceux qui se lavent les pieds dans un pot de terre ou qui mangent des maquereaux grillés au sel le onzième mois. Cependant, y a-t-il félicité plus grande que celle d'un être qui, au privilège d'être né homme, ajoute celui de posséder une courtisane comme il s'en est rarement vu au Japon ? Un proche parent de ce riche client racheta la courtisane Nokaze et mena une vie de plaisir élégante dans le village de Fushimi[3].

Quant à Yoshino, elle fut installée dans une maison au toit de chaume à la sortie de Yawata, à quelque distance de la capitale. Son compagnon, quoiqu'il fût dans la force de l'âge, prit la tonsure et, période de pleine lune ou floraison des cerisiers,

1. Nom de lieu poétique de la province de Sanuki dans le Shikoku, situé dans la partie occidentale de la ville de Takamatsu (actuel département de Kagawa). Cet endroit est évoqué au chapitre IV,5 de *L'Ecritoire de poche* : « Nos bateaux accostèrent au lieu-dit Grève du Mouillage, où je passai la nuit. Au matin, le pays de Sanuki avec sa rangée de montagnes en arrière-fond au sud et les pins antiques de la grève formait un paysage magnifique. »

2. Une Femme Dragon, habitante du palais sous-marin du Roi Dragon, apparaît dans le nô *Ama (La Pêcheuse)*.

3. Au sud de Kyôto.

il passait son temps à contempler Yoshino. Ce n'étaient que plaisirs du matin jusqu'au soir. La *tayû* lui versait du thé de ses propres mains ; comme il fuyait toute autre compagnie, elle lui servait de partenaire aux jeux de go ou des fléchettes, le soir il admirait la grâce du *kemari*[1] féminin lorsque la balle volait haut dans les airs. Brûlant des parfums de prix l'été en prenant le frais sur la terrasse, s'adonnant à la composition de poèmes le matin de la première neige, ils ne laissaient de côté

1. Enumération de jeux élégants, hérités des anciennes pratiques de la cour impériale. Le *yôkyû* est une forme de tir à l'arc d'intérieur utilisant un arc d'environ 70 centimètres et des flèches de trente. Le tireur est assis et vise une cible distante d'une quinzaine de mètres. Le *kemari* est un jeu de balle qui se joue avec le pied et consiste à maintenir la balle en l'air aussi longtemps que possible.

aucun passe-temps élégant. Pleuvait-il, ils attendaient le chant du coucou[1], la nuit tombée, ils se distrayaient à contempler les essaims de lucioles. Parfois encore les époux faisaient préparer du *mizuna*[2] et prenaient du saké avant de se mettre au lit ; leur ivresse devait être pleine de charme.

Un jour, alors que l'année tirait à sa fin, Gojônoichi, un client des quartiers de plaisir qui avait racheté la courtisane Samon et l'avait aimée sans discontinuer depuis la fleur de son âge, un homme qui se piquait de connaître à fond les plaisirs de ce monde, décida de passer le tournant de l'année au sanctuaire d'Ise en compagnie de sa concubine. Aucun souci religieux ne le guidait, son voyage devait être un pur déploiement de magnificence. « Alors que le monde entier croule sous les obligations, je suis sans doute le seul dans tout Kyôto à m'amuser ainsi à ma guise », songeait Gojônoichi en dépassant la sortie d'Awata, lorsque dans un quartier où se serraient de nombreuses petites maisons, parmi des logis en proie à l'agitation du dernier jour de l'an, se fit entendre la riche sonorité d'un *koto*. « Ce n'est tout de même pas le son que rend la corde d'un de ces fléaux à coton venus de Chine[3] », se disait incrédule Gojônoichi, lorsque poussant la porte de bambou il aperçut

1. Le coucou japonais (*hototgisu*) est lié dans la poésie japonaise aux pluies d'été.

2. Ou *kyôna*, sorte de chou, dont on prépare les feuilles.

3. Instrument en forme d'arc utilisé pour le battage du coton. Le fléau chinois muni d'un fanon de baleine, beaucoup plus rapide que le fléau traditionnel tendu de fils de coton, fut introduit à Nagasaki au milieu du XVIIe siècle.

Yoshino, plus belle encore que par le passé, si bien que, ne la reconnaissant pas, il crut voir quelque dame du palais en train de se cacher. Il alla se renseigner auprès du fabricant de mèches à briquet, dont l'échoppe jouxtait la maison du côté est, et celui-ci lui apprit que c'était Yoshino jouant en duo avec son ancien client de Nagasaki. « En comparaison avec une telle aisance, je suis encore bien à la presse ! » se dit, bouche bée, Gojônoichi. Renonçant à se rendre à Ise, il n'alla pas plus loin que la sortie d'Awata et s'en revint passer la fin de l'année chez lui, où il fit venir toute une troupe de danseuses. Il est amusant de voir combien les gens sont influençables !

3
Le vent d'amour fait monter les prix, puis ramène aux filles les moins chères

« Nul n'est sûr du lendemain, dépêche-toi de faire le bien ! » a dit quelqu'un par le passé et ces paroles ne manquent jamais de toucher au but. La rue Ukiyoshôji[1] où se sont installés des loueurs de chaises à porteurs à destination des quartiers de plaisir, comme Tokubê chez qui on pratique le tir à l'aveuglette ou encore Chôhê qui tient aussi un tripot[2], connaît ces derniers temps un calme inhabituel. Même avec deux *monme* cinq *fun* pour emmener un client jusqu'à Hirakata, les affaires ne vont guère. Sortez dans les champs, regardez attentivement les racines du maïs : le vent ne soufflera

1. Ruelle entre les artères Imabashisuji et Koraibashisuji. On y trouvait des maisons de placement ainsi que des loueurs de chaises qui se chargeaient d'emmener les clients jusqu'au quartier réservé avec le luxe qui correspondait à l'état de leur fortune. Ils constituaient une sorte de frontière avancée du quartier de plaisir au sein même de la ville et jouaient un rôle important dans les rapports des courtisanes avec le monde extérieur, notamment en assurant le service du courrier. Leurs activités étaient assez lucratives, comme le montre l'intérieur coquet de l'un de ces loueurs décrit au chapitre II,3 du *Grand Miroir de toutes les voluptés*. On voit ici qu'ils pouvaient également se livrer à des activités annexes.

2. Mettamato no Tokubê et Bon no Chôhê. Le *mettamato* est un jeu de hasard consistant à tirer à l'arc les yeux bandés. *Bon* (« plateau ») peut désigner une maison de jeu ou une maison de rendez-vous.

pas cette année[1], et sans vent le commerce du riz stagnera.

L'animation des lieux de plaisirs d'Ôsaka, quand toutes les courtisanes des *tenjin* aux *kakoi* sont retenues et qu'on s'arrache les « enfants de l'ombre[2] », varie au gré de l'humeur des commis de Kitahama. Lorsque les nuages annoncent la pluie, on se dit qu'après une bonne averse le vent va se lever, on se fie à sa bonne fortune et l'on passe des contrats, achetant du riz en prévision d'occasions à venir. On continue ainsi pendant deux heures et plus, lorsqu'en un clin d'œil le cours monte de deux *monme.* Alors on a beau être incertain de ce que réserve l'avenir, on suppute ses bénéfices, les maisons des chaises à porteurs sont prises d'assaut en plein jour: plus de trois cents chaises se mettent en route précipitamment vers les mauvais lieux. Puis commence la chasse aux courtisanes qu'on se rachète les uns aux autres, celles mêmes qui sont d'habitude délaissées voient la chance leur sourire, les maisons de réception s'animent de plus en plus et adressent de ferventes prières au sanctuaire de la pluie, aux divinités du vent. Mais la nuit venue, le ciel s'éclaircit, la lune se montre entre de paisibles nuages bleus, et comme s'ils s'étaient donné le mot, chansons et *shamisen* s'arrêtent tout d'un coup. Voyez plutôt:

1. On disait que lorsque les racines du maïs affleurent à la surface du sol, le vent souffle fort au cours de l'année, et qu'au contraire, lorsque ces racines vont en profondeur, l'année est sans vent.

2. *Kageko* ou *kagema,* jeunes garçons destinés au théâtre, qui font commerce de leurs charmes.

rien de plus comique que les mines de ces riches clients d'un instant à mesure qu'elles se défont sous vos yeux. Quel embarras aussi pour les courtisanes qui ont affaire à de tels clients !

Parmi ceux de Kitahama, il y a l'homme qui a racheté Ôshû ou encore celui qui a transplanté Azuma dans son village de Yamamoto : tous deux ont fait parler d'eux. Voilà ce qui s'appelle réussir pour une courtisane. Si l'étourderie dont fit preuve à cette époque un Wankyû * a pu faire froncer les sourcils à telle d'entre elles, il y avait alors des gens qui puisaient dans leur cassette, et dont la générosité faisait le bonheur des porte-tambours et de tous ceux qui les entouraient. Aujourd'hui les clients qui comptent au nombre des connaisseurs et qui ont les moyens de rencontrer les *tayû* ne se font pas accompagner de satellites ; il y en a même parmi eux qui sortent en vêtements de coton sous prétexte que c'est la mode. Par tous les dieux, ceux qui nourrissent pareilles dispositions feraient mieux de renoncer aux courtisanes, de se contenter chacun de sa femme, et de ne pas s'inquiéter davantage de l'état de leur ceinture de dessous. L'homme qui fréquente les courtisanes doit savoir lui aussi s'habiller avec goût et faire preuve de séduction s'il veut que le jeu en vaille la peine. Il va sans dire que les courtisanes, toutes vénales qu'elles sont, n'ont guère de tendresse pour ceux qui se négligent : elles ont l'impression de manger leur riz non décortiqué. En ce qui les concerne, un œil exercé trouverait à redire même à ce qu'une courtisane fixe une collerette à son vêtement.

Cependant, telles sont les façons d'aujourd'hui : on voit ces derniers temps de nombreux clients sans le sou. Des commerçants ou des artisans à la tête d'une modeste affaire héritée de leurs parents qui font trimer leurs nombreux commis et toute leur maisonnée du matin jusqu'au soir, qui dressent leur budget au sortir de la réunion de leur corporation, qui en fait de riz achètent du vieux Kaga ou du riz des Ryûkyû ou encore du riz rouge [1], et prennent garde en acquérant un lot de cent cinquante petits chinchards que la part individuelle ne leur revienne pas à plus d'un *mon*, qui pour leur bois de chauffage ne manquent pas de saisir la bonne affaire que sont les copeaux d'un fabricant de barques, et pour huile d'éclairage se satisfont de graisse de baleine, bref des gens qui poussent l'économie jusqu'à faire leur feu avec leurs ongles [2] et laissent quatre ans sans réparation un toit fait grossièrement de planches et troué de toutes parts, ceux-là ne doivent même pas penser à s'engager dans la Voie de l'amour ! Cependant d'aucuns qui n'ont pas même les moyens de s'amuser dans une maison de thé, s'avisent de faire les élégants et de louer les services d'une *tenjin* au prix de trente *monme*, une somme que toute leur maisonnée travaillant d'arrache-pied ne saurait gagner en moins de cinq jours et qui leur sert à s'amuser avec une courtisane ! Après avoir mis en gage jusqu'au linge de nuit et à la moustiquaire de sa compagne de tous

1. Variétés peu onéreuses.
2. Expression proverbiale.

les jours, afin de payer ses notes le deux de chaque mois, notre homme ne cesse tout au long de l'année d'emprunter à l'un puis à l'autre par tranches de deux mois. « J'ai heureusement un peu de temps libre, se dit-il, je vais en profiter pour faire la fête à l'occasion de la pleine lune d'automne[1]. » Mais le patron de la maison de réception ne l'entend pas de cette oreille : « Pas avant de régler votre dette ! » lui dit-il et l'autre ne peut que renoncer, mais à peine a-t-il rebroussé chemin qu'une idée germe dans sa tête. « Si la chose est seulement possible,

1. Il s'agit ici de la pleine lune du huitième mois.

dit-il, laissez-moi rencontrer mon amie ! J'attends une rentrée sûre pour le vingt-sept ou le vingt-huit et je suis certain de pouvoir vous rembourser alors le prix de cette journée. Vous avez sans doute besoin d'un coffre pour y déposer vos fonds. Si vous voulez, je pourrais vous en fabriquer un avec du bois choisi. » « Je me débrouille très bien avec une boîte à monnaie de cuivre », lui rétorque le patron sans même le regarder. Alors : « Savez-vous, patron, que le prix des logements a partout augmenté ? Même dans mon quartier, on vient de donner deux *kanme* pour une maison de ville. » Et le maître des lieux de hocher la tête : « Je t'ai donné assez d'argent comme ça sur ta maison ; je ne crois pas qu'elle rapporte autant à la vente. » « Je n'ai aucune dette par ailleurs. Vous ne risquez rien. Je vous en prie, laissez-moi rencontrer mon amie le jour de la pleine lune », se met à supplier notre homme et tous d'éclater de rire : « En voilà un client pitoyable ! Au lieu qu'on vienne solliciter ses services, c'est lui qui s'abaisse devant le patron. Le pauvre homme ! Y a-t-il encore quelque intérêt à fréquenter les courtisanes à ce compte-là ? » Et le maître des lieux d'ajouter d'un air grave, comme s'il s'agissait d'une révélation : « Pour ce qui est de messieurs les clients d'aujourd'hui, sachez que des hommes qui puissent dépenser à loisir sans craindre pour leur fortune et qui viennent s'amuser de bon cœur dans notre quartier, on n'en compterait pas cinq dans toute la ville d'Ôsaka. En revanche, jamais comme aujourd'hui les auberges des mauvais lieux n'ont eu à souffrir de tous ces gens qui ferment les yeux sur les conséquences de l'incendie qu'ils ont allumé : d'aucuns signent des reconnaissances de dette à de redoutables intermédiaires, empruntant de l'argent de manière quasi frauduleuse, d'autres s'arrangent pour acheter à crédit un stock d'étoffes qu'ils revendent ensuite à perte pour payer leurs libéralités dans ce quartier, d'autres encore se portent acquéreurs, toujours à crédit, de quantités importantes de produits de pharmacie, pour lesquels les délais de remboursement sont assez étendus, et les engagent tout aussitôt, sans même les déménager de leur entrepôt, pour lever des fonds. Mais ils ont beau s'évertuer de mille façons, ils finiront bien par tomber dans la gueule du monstre. Parmi ceux-là mêmes qu'on prenait pour de bons clients, combien sont victimes de quelque procédé déloyal qui les prive de leur fortune ! Les gages des courtisanes, le dîner et jusqu'aux plaquemines du Yamato, tout reste alors à notre charge ! Jadis les clients n'échangeaient avec les courtisanes que des propos galants, mais ces dernières années ils les apitoient avec des détails sur l'état de leurs affaires et même quand elles obtiennent d'eux qu'ils les engagent les jours de fête, elles continuent à s'inquiéter tant que tout n'a pas été réglé. Toutes passagères que sont ces liaisons, il arrive qu'une courtisane ne soit pas mal disposée envers un homme, et cependant elles s'en voudraient de causer des pertes à la maison de réception. Aussi, découvrent-elles chez leur client quelque faille, tunique au revers rapiécé ou manteau de gros-grain rembourré d'ouate de coton, elles vont faire part au patron de leurs soupçons. Nous sommes à une époque où les courtisanes et les établissements de distraction sont obligés de s'unir. »

Quand on y pense, n'est-ce pas à cause du coût exorbitant de la fréquentation des quartiers de plaisir, qui dépasse les possibilités de la plupart des fortunes ? Quoi qu'il en soit, on ne trouve plus guère de clients dignes de ce nom. Tôyû présenta jadis à la courtisane Tsumagawa un ensemble de trente robes à la fois ; Fuhei fit tenir à Kodayû un nécessaire de toilette en or massif, mais on ne saurait voir une telle munificence aujourd'hui. On en a ri à l'époque, mais des exemples de libéralité comme celle de Toma[1] qui, après avoir vendu une résidence secondaire pour quarante-cinq *kanme*, porta tout aussitôt le fruit de la vente chez les acteurs et le dilapida dans la maison de Yoshida Jûrôbê, ou encore celle de Gyokuichi qui paradait dans une robe teinte en jaune clair[2], à manches doublées de pourpre, tout en débitant et en vendant du menu bois de chauffage, ou encore celle de Senbei qui racheta Sennosuke et ouvrit une boutique où il vendait pour un *mon* du vinaigre et de la sauce de soja, tous nous rappellent la galanterie d'un âge, hélas, révolu.

---

1. Peut-être le même personnage que le Tomamo mentionné en compagnie de Gyokuichi au chapitre VIII,3 du *Grand Miroir de toutes les voluptés*.

2. Pigment obtenu de l'écorce de l'arbre *kihada (Philodendron amurense)*.

V

CINQUIÈME LIVRE

TABLE

1
Les uns sont pour les courtisanes, les autres pour les jeunes acteurs

Lorsque s'amusant dans les maisons de thé élégantes de Nanjiang[1], l'on pose longuement son regard sur le temple de style chinois élevé par Tetsugen[2]: « Si seulement je disposais, se dit-on, des fonds qu'a nécessités la construction de ce temple, je ferais la fête dans les deux quartiers du sud et de l'ouest[3] à la plus grande joie de tous les patrons des lieux de plaisir. Mais hélas, c'est la religion qui prospère ! Ces imbéciles ignorent tout du charme des séances nocturnes du quartier de plaisir ! » et l'on continue à boire son saké, renonçant à tout autre projet. Mais tandis qu'on se retient ainsi, estimant qu'un moment de solitude vaut bien la pièce d'argent qu'il nous fait économiser, voilà qu'on entend soudain le son des cymbales et du gong et que l'on aperçoit la fumée qui s'élève au-dessus du lieu de crémation. Changement de disposition :

1. C'est-à-dire du Fleuve du Sud en chinois, désignation plaisante du quartier de Dôtonbori, au sud d'Ôsaka, où étaient regroupés les théâtres et les maisons de thé où l'on rencontrait les acteurs.

2. Moine zen de la secte Ôbaku, qui avait reconstruit en 1676 le temple de Yakushiji à Naniwamura dans le style chinois.

3. C'est-à-dire Dôtonbori, le quartier des théâtres, et Shinmachi, le quartier des courtisanes.

« Faites venir un garçon disponible, le premier fera l'affaire ! Amusons-nous ! » s'écrie alors plein de résolution l'habitué des quartiers de plaisir Yûta, et le voilà en pleine discussion avec le maître des lieux : « Aujourd'hui, suivez plutôt mes recommandations, lui dit ce dernier, laissez tomber les jeunes acteurs et invitez de ces artistes ambulants qui viennent ici de Kyôto. Faites-en venir sept ou huit qui n'auront jamais vu aucun d'entre vous et faites-les danser un bon coup. Ensuite vous mangerez des nouilles au sarrasin, puis vous prendrez un bain. Le soir, ne manquez pas la séance nocturne au quartier de plaisir. La nuit ne saurait se terminer sans cela ! » « Les acteurs ne sont-ils pas ton gagne-pain ? Et tu nous envoies chez les filles ! Tu devrais mieux connaître ta condition ! » rétorque l'assemblée en éclatant de rire. « Ces jeunes gens de la capitale, on aimerait tous les voir ! Quel dommage qu'on ne puisse pas les avoir à l'essai comme les courtisanes ! » se plaignent les porte-tambours, qui font la fête *gratis* aux frais du client, et ce n'est pas le moins drôle !

Alors le patron : « Point n'est besoin de les convoquer tous et de les examiner l'un après l'autre. Je sais comment vous permettre de choisir selon votre goût » et il leur indiqua la porte d'un cabinet secret où se trouvaient toutes sortes d'affiches : d'abord des effigies du dieu Ebisu qu'on fête le dix du premier mois au sanctuaire d'Imamiya [1],

1. Imamiya Ebisu jinja, sanctuaire shintô d'Ôsaka, situé dans l'actuel arrondissement de Naniwa-ku, à Ebisu-chô. Dieu de la richesse,

des images distribuées par ces ascètes itinérants qu'on engage pour les veilles en l'honneur du soleil, des réclames vantant l'efficace de médicaments miracles pour les yeux, des calendriers muraux ; puis des feuilles décrivant les mérites comparés des acteurs locaux, enfin des listes de garçons itinérants que des commis attachés à leur personne distribuent, expliqua le maître des lieux, aux maisons de thé comme la sienne pour que, le cas échéant, les clients puissent choisir selon leurs goûts. Voilà qui ne manque pas d'être curieux !

– Hanayama Fujinosuke, quatorze ans, teint clair, visage avenant, récite le jôruri* *de Kadayû.*

– Iwataki Izaburô, seize ans, bon danseur, chante le nagebushi*. *Se distingue par ses manières féminines et la délicatesse de sa constitution.*

– Yumekawa Dairoku, quinze ans, tient tête à autant de personnes que l'on veut pour ce qui est de boire du saké. Improvise des couplets comiques au shamisen. *L'emporte par l'élégance de sa mise sur tous ses pareils.*

– Matsukaze Kotonojô, dix-sept ans, habile aux ombres chinoises. Peut tracer des caractères sur le mur en soufflant de l'eau par la bouche. Jongle avec plus de dextérité que Shio no Chôjirô[1].

– Fukakusa Kankurô, dix-sept ans, par sa manière de parler on dirait la copie vivante du défunt

---

protecteur du commerce et une des sept divinités du bonheur, Ebisu, qu'on représente généralement coiffé d'un chapeau de feutre et tenant une dorade, occupait une place importante dans la religion populaire.

1. Prestidigitateur célèbre dans les années Jôkyô-Genroku.

Suzuki Heihachi. S'il ne possède aucun talent en particulier, il est excellent au lit.

– Yukiyama Matsunosuke, dix-neuf ans, a pris la coiffure adulte. A son maintien, on le prendrait pour un véritable acteur.

« Voilà une affiche habilement tournée. Puisqu'aussi bien ils sont tous au même prix, c'est celui au bonnet mauve [1] qui me semble l'affaire la plus intéressante », remarqua quelqu'un. « Un peu de retenue, rétorqua un autre. S'il déclare dix-neuf ans sur l'affiche, c'est qu'il doit en avoir trente-neuf ou

1. C'est-à-dire Yukiyama Matsunosuke. Les acteurs de kabuki devaient, quel que fût leur âge, se raser le front à la manière des adultes. Pour garder l'apparence de jeunes garçons, ils portaient un foulard de couleur mauve qui leur cachait le devant de la tête.

quarante en réalité. Toi, un porte-tambour de vingt et un ans, c'est comme si tu dormais sous la même moustiquaire avec un grand-père. Quand une fille en mal de mari déguise son âge, il en va de deux, trois, tout au plus cinq ans. Et si elle n'a pas cousu ses manches après vingt ans, il est touchant de la voir presser le pas tant qu'elle ne s'est pas éloignée de son quartier, par crainte de ce que pensent les gens. Ces jeunes artistes, eux, dissimulent jusqu'à dix ans. Ceux de Kyôto vont à Ôsaka, ceux d'Ôsaka se rendent à Edo : là où on ignore leur date de naissance. A quoi bon peser les défauts et les mérites ! Appelons ici quelques-uns de ces jeunes gens imbus de leur art, et puis, comme à la « cagnotte du *tengu*[1] », on s'amusera avec ce qu'on trouvera ! » Cependant lorsque, se rangeant à cet avis, on fit venir et s'asseoir l'un près de l'autre onze de ces garçons, on découvrit un spectacle plein d'intérêt. C'était la fraîcheur de la fleur de colza qui s'épanouit dans les landes, et en fait de fleur, la dépense montait en tout et pour tout à deux *ryô* trois *bu*, ce qui n'est pas cher.

« L'automne dernier, se souvint un porte-tambour, j'ai eu l'occasion d'accompagner un riche client dans la capitale du Sud et nous avons engagé jusqu'à la dernière les seize courtisanes du quartier de Kitsuji, une fête somptueuse pour quatre *ryô* en *koban*. Rien n'est plus amusant que ces différences

1. Jeu d'argent (*tengu-tanomoshi*) où l'on retire d'une urne des tablettes de bois portant des numéros, le gagnant remportant la mise. Ce jeu est pratiqué par le héros du chapitre IV,2 des *Vingt parangons d'impiété filiale*.

locales dans les manières de s'amuser. » « Peut-être, répliqua l'autre, mais on perd son argent à acheter la camelote ! On s'ennuie ferme ici ! » « Tournons casaque, et vite ! » Et tous de décamper aussitôt, plantant là les onze éphèbes en plein milieu de leur danse, et de se précipiter à grand bruit dans la rue centrale de Shinmachi par la porte de l'est. « Voilà enfin un riche client à la mode d'aujourd'hui ! S'il s'entiche d'une courtisane, il est capable de l'engager pour les dix années que dure son contrat jusqu'à son heureux retour dans le village de ses parents », entonnent les neuf porte-tambours, vantant les mérites de leur patron, dont ils constituent la garde d'honneur, tandis que sa courtisane favorite envoie à sa rencontre deux lanternes frappées de son blason et que ne cessent d'affluer des messagers de la part des maisons de réception. Tout juste si l'on ne dresse pas des talus de sable[1]. « Attendez-le d'une minute à l'autre ! » annonce-t-on à la maison Izutsuya de Kukenchô. « Eh bien ! Eh bien ! Permettez-moi de me présenter. Je suis la barque à l'abandon dans le détroit de Naruto de la province d'Awa, j'ai tellement d'argent au pays que les lingots sont pour moi comme des tuiles. Mais il serait dommage de posséder une telle fortune et de ne pas la montrer dans le monde en la dépensant dans les maisons de réception. C'est pourquoi je viens ici trois fois l'an depuis ma

1. On dressait des talus de sable de part et d'autre de l'endroit où devait s'arrêter le char d'un haut dignitaire afin de servir de support aux brancards.

province dans le seul but de dissiper mon argent. Je veux dépenser gros et que tous en profitent jusqu'au dernier », dit-il et aussitôt d'accorder deux cents pièces d'un *bu* à la courtisane, dix *ryô* d'or à la patronne, puis de faire fleurir des *koban* entre les mains des employés des deux sexes travaillant à la cuisine. Cependant qu'il paradait ainsi, relevant le nez et se prévalant du titre de « client à la mode d'aujourd'hui » : « C'est qu'on ne trouve pas, se moquait-on tout en acceptant l'argent, dans les environs de Naniwa de montagnes où s'abritent des *tengu* », et il n'y avait personne pour s'étonner de tant de magnificence. « Le quartier de plaisir est fait tout exprès pour que les gens y viennent dépenser leur argent : les pièces d'or ne sont pas ici un objet de curiosité. Il y a quelque temps, un riche client du nom de Matsumoto a offert à dame Tamanoi de la maison Kushiro, dont il n'était pourtant pas encore un habitué, cent *ryô* d'or, comme cela, sans raison particulière, en guise de cadeau pour la fête des pêchers[1]. Nous en avons tous été témoins. C'est parce que l'argent s'est fait rare ces derniers temps, que nous acceptons de temps en temps des *koban* à un *ryô* », plaisantaient entre elles les servantes préposées au service des clients, en riant des façons du riche visiteur. « Bien que la fréquentation des courtisanes soit avant tout une question d'argent, la manière de le dépenser entre aussi en ligne de compte. Certains hommes qui ne dépensent pas tant s'attirent la sympathie et les

1. Le cinquième jour du cinquième mois (*tango no sekku*).

bonnes grâces des courtisanes. Si ce riche client fait mal parler de lui en dépit de son extravagance, cela ne tient qu'à ses manières exécrables », se dit chacun des porte-tambours qui l'entourent sans se faire beaucoup d'illusions sur son avenir.

Et en effet, trois ans plus tard, ayant définitivement compromis ses affaires dans sa province, le voilà qui remonte à Ôsaka sans un sou vaillant en poche. Dans cette ville immense, il retrouve au nord de Nagahori [1] un homme de son pays, qui avait traversé la mer pour fuir l'océan de ses dettes et s'était établi dans un logis de location au fond d'une ruelle, gagnant son pain au jour le jour en séchant de l'agar-agar [2]. Il se met à sa charge, accroît l'embarras d'un foyer déjà en difficulté, achève de dévorer d'inexistantes provisions, se fait remplir le ventre sans aucun profit pour personne. Or l'arrière de la maison donnait sur le quartier des maisons de réception de Yoshiwara, un endroit fréquenté par les seules courtisanes de troisième rang, celles qui font en même temps profession de chanter le *nagebushi* au son du *shamisen* et qui triment de la fin de la matinée jusqu'au milieu de la nuit tant qu'il leur reste quelque force dans le bras ou la gorge, s'égosillant toute la journée pour gagner leur salaire de dix-sept *monme*. Jadis il aurait

1. Canal jouxtant au sud le quartier de plaisir de Shinmachi, dans l'actuel arrondissement de Nishi-ku.

2. *Tokorotengusa* ou *tengusa (Gelidium amansii)*, algue dont on tirait le *tokoroten*, gelée d'agar-agar. Un des procédés consistait à extraire le jus de l'algue et à l'étaler sur du papier, qu'on séchait ensuite à l'air libre. La pâte obtenue se conservait longtemps et était consommée comme rafraîchissement pendant les chaleurs d'été.

détesté se voir gratifié d'un sourire par des courtisanes de cette catégorie, mais dans les conditions présentes, il ne cessait d'envier le bonheur de ceux qui se prélassaient à l'étage, les stores relevés, au milieu de la journée, pendant qu'une courtisane leur épilait le menton. Au temps où ses affaires étaient florissantes, il lui arrivait de dissiper jusqu'à soixante *ryô* en pourboires pour le seul jour de Tanabata [1], tandis que ces hommes dépensaient moins de vingt *monme* pour la journée et s'amusaient tout de même eux aussi avec des courtisanes. S'il avait su se contenter de courtisanes du troisième rang, il lui aurait fallu trois vies pour épuiser sa fortune. C'étaient les *tayû* qui avaient été la cause de sa ruine si soudaine. Mais il ne servait à rien de s'en rendre compte si tard.

Du matin au soir à la fenêtre de sa masure, il ne cessait de s'intéresser à ce spectacle, mais les conditions empiraient, et il se mit à fabriquer la nuit de misérables poupées qu'il allait vendre le lendemain afin de joindre tant bien que mal les deux bouts. Rien ne change le cœur d'un homme comme la pauvreté. Bientôt il se lassa des chansons et des *shamisen* et ne s'occupa plus du quartier de plaisir dont ne le séparait qu'une palissade : il n'avait plus d'autre désir que de pouvoir manger de la soupe au *mochi* pour accueillir la nouvelle année. Il vécut ainsi trois ans dans la gêne, avant de mourir au neuvième jour du dernier mois de sa

1. Septième jour du septième mois, fête célébrant la rencontre de la Tisserande et du Bouvier.

trente-septième année. Hélas ! il ne se trouva même pas un linceul pour envelopper son corps le jour du départ. On le déposa dans un cercueil fermé par des cordes et on l'emmena au cimetière de Dôtonbori où, aligné tête-bêche à côté d'autres morts, il disparut enfin en fumée. On peut voir aujourd'hui au temple Chikurinji une stèle qui a dû coûter près de deux pièces d'argent, avec l'inscription gravée : *San.yo fûzetsu.* On y lit aussi le nom de la donatrice : une certaine Man du quartier d'Echigo. Une courtisane au cœur délicat aura donc fait dresser ce monument. Qu'elle en soit récompensée par quelque rentrée d'argent à laquelle elle ne s'attend pas !

2

Ce qu'on ne peut connaître : le père de l'enfant lorsque la mère est une femme de la profession

Il n'y a rien de plus élaboré que le *kouta* de style *honte*[1], peu prisé des amateurs. Un guerrier de haut rang, habitant du quartier des gardes[2], en avait fait son jardin secret. Il jouait d'un *shamisen* à cordes épaisses dont il étouffait le son à l'aide d'une sourdine et en tirait une musique incomparable, ayant reçu l'enseignement de l'acteur Sakuya Kuhê en personne. Ce dernier n'est plus aujourd'hui de ce monde, seul le parfum de l'oranger rappelle encore les manches de celui qui n'est plus et dont le souvenir s'estompe avec les jours[3]. Il y a certes des

1. Style de chant accompagné de *shamisen* élaboré par Ishimura Kengyô (?-1642), d'abord joueur de luth *biwa,* qui fut l'un des introducteurs du *shamisen* au Japon depuis Okinawa. Le *honte* fut supplanté à partir du second quart du XVIIe siècle par le *hade*, plus brillant, dû à Yanagawa Kengyô (?-1679). Si le *honte* combine les deux mouvements du plectre de haut en bas puis de bas en haut *(morohachi)*, le *hade* n'utilise que le premier *(katabachi)*, ce qui favorise le développement de la mélodie.

2. Ban-chô, dans l'actuel arrondissement de Chiyoda-ku. Ce quartier abritait des résidences de vassaux du shôgun.

3. Allusion à un célèbre poème, le n° 139 de l'anthologie *Poèmes de jadis et de maintenant*, qui figure également au chapitre 60 des *Contes d'Ise* : *Si je respire / le parfum de ces orangers qui pour fleurir / attendent le cinquième mois / c'est le parfum des manches / de celle que j'aimais jadis* (trad. Georges Renondeau, Gallimard, 1969, p. 96).

gens qui cherchent à abréger leur séjour en ce monde, mais ils ne font pas un bon calcul. Plutôt que d'aller faire maigre au paradis en compagnie de sévères bouddhas, ne vaut-il pas mieux passer de longues soirées à déguster de la bonite rayée en émincé et à rire aux éclats en écoutant des histoires drôles[1] ? L'amuseur Jôtoshi[2] a beau n'y voir goutte, rien n'est plus fourni que sa chronique des quartiers de plaisir, qui est celle d'un vrai connaisseur. « Sais-tu pourquoi ma *tayû* préférée reste si longtemps enfermée et ne reçoit pas de clients ? » « Et comment ! C'est que madame doit bientôt donner naissance à un jeune héritier ! » « D'où le sais-tu ? Par l'arc et les flèches de Hachiman ! à ce qu'on dit, c'est sûrement l'enfant de ce Quatre-Six de Fukagawa[3] ! » « Vous parlez de langes avant l'accouchement. Si c'est une fille, elle naîtra sans doute avec un boulier. Si c'est un garçon, ce sera avec une liasse de vieilles lettres reliées en guise de livre de comptes ! » « S'agirait-il de quelque riche client des quartiers marchands ? » « Oh ! rien de remarquable : le fils d'un changeur grippe-sou.

Saikaku pense aussi à une expresion proverbiale d'origine chinoise, que l'on trouve au chapitre 30 des *Heures oisives* : « Les mois passent, les années ; ce n'est point qu'on oublie, nullement ; mais il est vrai que les disparus, de jour en jour s'éloignent » (*op. cit.*, p. 62).

1. Littéralement « histoires à chute », dont la vogue se répand pendant l'ère Enpô.

2. Le nom de ce personnage indique qu'il s'agit d'un *zatô*, musicien aveugle, se rattachant au Yasakaryû (ou Jôkata), une des deux écoles de *heikyoku* (récitation accompagnée du luth *biwa* du roman guerrier le *Dit des Heike*).

3. Voir p. 112, n. 1. Le toponyme Fukagawa est appelé par le mot Hachiman.

Cependant vous êtes un peu concernés, puisque vous êtes de la famille ! » Et tous d'éclater de rire. Or, comme chacun tendait l'oreille en se demandant si le client ferait preuve de générosité : « Eh bien, faites de ce bonze un *kôtô*[1] », fit celui-ci en y allant d'une somme importante. L'aveugle, croyant voir un rêve, franchit le mont Utsu[2]. Ravi de rencontrer des gens de la capitale, il chemina jour après jour et parvint enfin à la barrière d'Ôsaka, qui lui rappela le vers, *palais ou hutte de branchages*, ainsi que le souvenir du poète d'autrefois[3], et ce d'autant plus qu'il souffrait de la même

1. Un des hauts rangs (le second) de la confrérie Tôdô, la plus nombreuse et la plus puissante des confréries d'aveugles. Elle comptait au milieu du XVIIe siècle quelque deux mille membres, exerçant des métiers de musicien ou d'acupuncteur. Les quatre rangs, divisés en soixante-treize échelons, étaient attribués non pas pour des mérites artistiques, mais contre des contributions. Les rangs les plus élevés jouissaient d'avantages substantiels et d'un statut social prestigieux, proche de celui des guerriers.

2. La mention du mont Utsu est appelée par le mot *yume*, « rêve », à cause de l'expression *yume-utsutsu* qui signifie « entre rêve et réalité ». Saikaku se souvient ici d'un épisode du chapitre 9 des *Contes d'Ise* rapportant le voyage du héros dans les provinces de l'Est : « Cheminant toujours, ils parvinrent dans la province de Suruga. Parvenus au mont Utsu, le chemin où ils allaient s'engager était particulièrement sombre et étroit, le lierre et les érables y foisonnaient. Le cœur serré, ils déploraient l'aventure qui leur survenait, lorsqu'ils rencontrèrent un ascète. "Que faites-vous donc en un tel chemin ?" leur demanda-t-il et comme ils le dévisageaient, c'était un homme qu'ils avaient déjà vu. Ils lui confièrent une lettre pour une certaine personne de la capitale avec ce poème : *En Suruga / au voisinage du mont Utsu / ni en réalité / ni en rêve / je ne t'ai rencontré.* » Nous reprenons la traduction de Renondeau (*op. cit.*, p. 29) pour le poème.

3. Allusion à la figure légendaire de Semimaru, musicien aveugle, patron des chanteurs et joueurs de *biwa*, qui avait installé son ermitage près de la barrière d'Ôsaka, à la sortie de Kyôto, et dont l'esprit recevait un culte dans le sanctuaire érigé à cet endroit. Le poème en question,

infirmité : ses yeux obscurcis laissèrent couler des larmes en offrande spontanée à celui dont le plectre ne résonnait plus. Laissant derrière lui le lac Biwa, il arriva alors que le soleil était encore haut à la capitale[1] et loua une chambre chez un habitant de la troisième avenue. Mais tandis qu'on cherchait une date favorable pour sa promotion, il se laissa convaincre par un riche client de la capitale qui lui vantait l'intérêt d'une entrevue avec Yoshino. Sans savoir où il allait, incapable de se rendre compte s'il avançait vers l'est ou s'il se dirigeait vers le nord, il fut guidé par son compagnon vers le quartier de l'ouest, dans la lande de Shujaku[2], par « cette sente étroite, que j'emprunte plein de regrets… », selon les mots de la chanson. « Qui donc est cette personne ? » « Kaoru de chez Kanbayashi… » « Le thé est-il de première qualité[3] ? Ouvrez-moi donc les yeux pour que je la voie. Il

attribué à Semimaru, figure notamment dans l'anthologie *Nouveaux poèmes de jadis et de maintenant* (n° 1851) : *En ce monde, de quelque manière qu'on vive / tout est un / palais ou hutte de branchages / tout est également sans fin.* Le *biwa*, luth frappé avec un plectre qui accompagnait notamment la récitation des chroniques guerrières, appelle la mention de son homonyme, le lac Biwa, dans la phrase suivante.

1. Allusion à l'expression proverbiale *zatô no hidaka* : « l'aveugle vient alors que le soleil est encore haut », exprimant la surprise devant l'exécution rapide d'une tâche dont on pensait qu'elle prendrait du temps.

2. Sentier qui, à travers champs, menait à la porte du quartier réservé de Shimabara.

3. Plaisanterie traditionnelle des quartiers de plaisir jouant sur le sens figuré du terme « thé » désignant les parties secrètes de la femme, ainsi que sur l'homonyme de Kanbayashi avec un célèbre producteur de thé d'Uji, au sud de Kyôto. Les thés, suivant leur qualité, étaient classés en catégories précises que reprenaient plaisamment les répertoires de courtisanes.

est inhumain de ne me faire entendre que sa voix ! » Ayant pénétré dans les salons de Maruya Shichizaemon[1], il s'y livre aux plaisirs les plus raffinés de l'amour, l'exquise délicatesse des courtisanes le laisse sans voix, leur douceur est à mille lieues de la rudesse d'Edo... Comme les coupes de saké s'étaient mises à tourner dans le plus grand désordre, revenant entre les mains de Jôtoshi qui n'en pouvait mais, la courtisane Hanjo émue par ce spectacle se mit en devoir de lui venir en aide. Eperdu de gratitude, Jôtoshi eut vite fait de s'enticher de la belle. En proie à la passion, il ne pouvait avaler même un potage aux huîtres. Dès que le jour se leva et que Hanjo eut quitté la maison de réception, il envoya aussitôt un intermédiaire pour lui déclarer son amour, réussit par miracle à se faire admettre chez elle et se mit à la fréquenter secrètement, tant et si bien qu'il dépensa jusqu'à l'enveloppe la somme qu'il avait reçue en cadeau.

Tout espoir de promotion évanoui, il n'était même plus en mesure de retourner dans les provinces de l'Est. Il ne pouvait trouver refuge nulle part, mais ne regrettait rien. Déplorant sa condition qui lui interdisait de rencontrer les courtisanes : « Si je souffre ainsi, c'est pour m'attarder en ce monde, hâtons-nous de rejoindre le pays du Bouddha... » se dit-il, résolu, et il se mit en route pour Fushimi, que traverse le fleuve. Errant à travers le village au crépuscule, il dépassa le Jizô au

1. Maison de réception de Shimabara Ageya-chô.

carrefour des Six Voies d'égarement[1], traversa en son milieu le pont de Bungo[2], puis décidé à en finir en cet endroit, il s'imprégna du vent d'inconstance que produisait à la tombée de la nuit son éventail[3], souvenir de son amie : « Dans quelle existence future oublierai-je jamais le bonheur que j'ai goûté

1. L'auteur joue ici sur le mot Rokujizô (« Les Six Jizô »), appellation commune du temple Daizenji à Fushimi où l'on vénérait une représentation des Jizô tutélaires des Six Voies. Les Six Voies sont celles des enfers, des trépassés faméliques, des animaux, des *asura*, des êtres humains et des dieux.

2. Pont sur la rivière Ujigawa, entre Fushimi et Mukaijima.

3. A l'image de la courtisane Hanjo se superpose celle de Banjieyu (en japonais, Hanshôjo ou Hanjo), favorite de l'empereur Chengdi des

dans le lit de Hanjo ? Si l'eau est capable de sentiment, qu'elle m'emporte dans ses remous et que jamais je ne tombe sous les yeux d'un être humain ! » Déjà, les pieds joints, il s'apprêtait à sauter, mais un certain Sasaya s'engageait justement sur le pont. Reconnaissant le bonze : « Que faites-vous ? » lui cria-t-il et il le retint, puis l'emmena à l'extrémité du pont dans une misérable maison de thé où il insista pour entendre son histoire. Versant alors des larmes d'homme : « Sans vie, pas d'amour, lui dit-il avec un air de profonde sagesse. Cachez-vous à Kyôto pour quelque temps, et reprenez votre métier d'amuseur. Vos deux vœux ne manqueront pas d'être exaucés. » Et il ne souffla mot à personne de cet incident.

Qui aurait commis une indiscrétion ? Quoi qu'il en soit, l'amuseur Kariganeya Riemon raconta cette triste histoire à Hanjo. Celle-ci fit preuve d'un cœur peu commun : vendant ses plus beaux meubles et parures, elle en fit tenir secrètement le prix à Jôtoshi par un intermédiaire afin qu'il puisse acheter le rang qu'il désirait. Mais l'homme déclina cette sollicitude inattendue et refusa tout net d'accepter ce présent. Ne pouvant supporter de rester un instant de plus à Kyôto, il se jeta dans un de ces bateaux qui descendent le fleuve Yodo et débarqua à Kitahama dans le port de Naniwa. Moine aveugle n'ayant pas même une canne pour

Han. Celle-ci, délaissée pour une autre par le souverain, composa le *Yuangexing (Enkakô)*, où elle compare son sort à celui de l'éventail qu'on jette passé les chaleurs de l'été. Cette pièce célèbre a fourni le canevas du nô *Hanjo*.

le soutenir, le voilà sans ressources, la rosée glacée pénétrant son fin vêtement : sait-on vraiment ce qu'est la mélancolie de l'automne ? Cependant son art vint à son secours. « Laisse-toi aller… » disait la chanson lascive qu'il entonnait en s'accompagnant tristement sur les cordes du *shamisen*[1]. Pourtant – est-ce le dieu protecteur des aveugles qui le guidait ? – son cœur s'était purifié et il ne pensait plus à l'amour.

1. Jeu sur l'expression *ito ni yoru* : « tresser en un fil, une corde », mais aussi « dépendre des cordes » de son *shamisen*. En outre, cette expression est empruntée à un poème de Ki no Tsurayuki (*Poèmes de jadis et de maintenant*, n° 415), qui joue sur les mots pour évoquer la tristesse de la séparation : *Il a beau ne pas être tressé / comme une corde, / ce chemin qui nous sépare / je ne puis m'empêcher de sentir / mon cœur se serrer.* Enfin, on trouve l'expression *ito ni yoru* dans un *nagebushi* de l'époque : *Rencontres et séparations, tressées en une corde, ô désolation ! De tes larmes fais-moi un collier, pour me le laisser en souvenir.*

3

Même à la capitale on peut être pauvre : menu pour un ventre vide

Aux plaisirs en rapport avec notre condition, le ciel lui-même ne trouverait rien à redire. Parmi les cas qu'on a pu observer ou dont on a parlé par le passé, il y a celui du riche client nommé Ujin, qui n'avait de sa vie revêtu un vêtement ayant connu la lessive : aujourd'hui il passe l'année dans un *kamiko* déguenillé sans même prendre froid. Ou encore celui de Shichô, qui se moquait ouvertement de l'autre monde : l'amour l'amena à l'Eveil, si bien que lui-même, sa femme et jusqu'à ses maîtresses revêtirent l'habit d'encre des moines. Si Hanazaki, répugnant aux contraintes de la vie monastique, se retira dans les environs de Juraku [1], ce n'est pas parce qu'il s'était lassé des courtisanes, mais plutôt qu'il sut faire preuve de discernement et choisir le bon moment pour renoncer au plaisir. Rien n'est plus difficile que d'imposer des bornes à l'amour. Naka, un riche client de Kashomachi [2], quitta le

1. Quartier de Fushimi, sur la route de Takeda au sud de Kyôto. Proche du port fluvial, il abritait de nombreuses maisons de riches négociants.

2. Quartier de Fushimi, où étaient installés des négociants en bois de construction.

monde dans la fleur de l'âge et s'en voulut d'avoir ignoré si longtemps les délices de la retraite et de s'être décidé si tard. Le voilà contraint à des économies de bouts de chandelle, condamné à faire vivre son ménage avec quelque trois *kanme* l'an. Quel charme peut-il donc trouver à cette existence, quand on se souvient de sa splendeur passée ? S'il s'était arrêté avant de vendre sa résidence, on aurait pu considérer qu'il s'en était tiré avec sagesse. Jirô, autre riche client, conserva par miracle sa villa de Nagamachi [1], ce qui lui permet de passer les journées en conversations animées avec quelques Kakunai, Chûhei ou Han.emon la Moustache. Habile à la flûte *shakuhachi* [2], il ne prête pas plus d'attention qu'à du vent aux affaires de ce triste monde flottant. Néanmoins, n'aurait-il pas mieux valu faire venir un jeune acteur au charme quelque peu langoureux, vêtu d'un pagne en crêpe écarlate et muni de peignes à la façon des femmes ; l'entendre, alors qu'appuyé contre un pilier laqué il fait mine de ne pas regarder son amant, chanter d'une voix de tête *Les Montagnes de Yoshino*, tout en improvisant à la flûte pour accompagner les modulations de sa voix. Voilà qui est vraiment attrayant et flatte l'oreille ! Tsukaguchi, enfin, a choisi pour sa retraite les abords du Tennôji, mais ce n'est certes pas comme le prince Shôtoku [3] par mépris pour sa descendance.

1. Quartier d'Ôsaka au sud de Nihonbashi.

2. Flûte en bambou d'une longueur d'un *shaku* huit *sun*, d'où son nom de *shakuhachi*.

3. Shôtoku (574-622), prince héritier et régent sous le règne de

Rien n'est divers comme le cœur de l'homme et les conduites individuelles. Il en est de remarquables comme celle de l'acteur Tôjûrô, qui sans se soucier de l'état de ses finances se procurait à Ôtsu, au prix de dix pièces d'argent, de grosses volailles dont il se faisait préparer un potage pour aller avec son saké, ou celle du riche Sagamiya du Quai au Riz[1] qui, alors qu'il était allé se cacher à Nishinokubo[2], vendit une image sculptée par Eshin[3] et en profita pour racheter aussitôt la *tayû* Chitose. Le jeune acteur Kichiya, de retour de Noda où il avait contemplé les glycines, rendit un jour visite à un homme qui s'était réfugié dans le village de Fukushima[4]. « Vivant dans cette misérable demeure, je ne pourrai rien vous offrir », lui dit celui-ci et il lui tendit cinq cents *ryô* en *koban* : « Achetez-vous ce que vous souhaitez. » Quand on possède déjà tout ce que doit avoir un homme de goût, que pourrait-on acheter de mieux qu'une maison ?

l'impératrice Suikô, sa tante, un des introducteurs de la culture continentale et du bouddhisme au Japon, fondateur entre autres du temple des Quatre Rois Gardiens (Shitennôji) situé dans l'actuelle Ôsaka. Saikaku se souvient ici du chapitre 6 des *Heures oisives* d'Urabe Kenkô : « Et le prince Shôtoku, lorsqu'il se fit construire un tombeau de son vivant, aurait, paraît-il, déclaré : “Coupez ici et tranchez là : je ne compte plus avoir de lignée” » (*op. cit.*, p. 49).

1. Nom donné à Edo à la berge du canal Isechôbori, dans le quartier d'Ise-chô, à la hauteur du pont Aramebashi.

2. A l'ouest d'Atagoyama, dans l'actuel arrondissement de Minato-ku.

3. Autre nom de Genshin, célèbre moine du mont Tendai, auteur du *Compendium pour renaître dans la Terre Pure (Ôjôyôshû)*, texte fondateur de l'amidisme au Japon et qui exerça une profonde influence sur les représentations religieuses.

4. Noda et Fukushima sont deux villages aujourd'hui intégrés à la ville d'Ôsaka, dans l'arrondissement de Fukushima-ku.

Même un ermite supporte difficilement d'être exposé à la pluie et à la rosée. Il y eut cependant cet homme nommé Birikoku[1] qui, pour quelque raison, ne possédait pas de demeure permanente. Comme à cette époque il fréquentait constamment les hommes les plus riches de Kyôto, il avait loué dans les collines de l'est aux abords du Chion.in[2] un logis d'où il pouvait contempler montagnes et vallées sans se déplacer, et il y vivait dans l'aisance. Mais, trouvant cette existence plein de tracas, il alla voir ses bienfaiteurs et leur demanda de lui accorder chacun à tour de rôle une pension journalière de deux *monme* un *fun*. Il n'avait, leur dit-il, pas d'autre souhait. Comme ils lui en demandaient la raison : « C'est, dit-il, pour faire venir les repas de chez un restaurateur de Gion-machi. Je compte un *monme* trois *fun* pour moi-même et huit *fun* pour mon domestique. Ainsi je n'aurai pas à laver la vaisselle matin et soir. Il n'y a pas d'arrangement plus satisfaisant ! » On accéda à son désir et il ne garda dans sa hutte de branchages qu'une petite bouilloire pour faire chauffer l'eau, si bien qu'il n'avait guère que du gruau de riz[3] à offrir à ses visiteurs.

---

1. Birikoku est mentionné au chapitre IV,3 du *Grand Miroir de toutes les voluptés*, dans une liste de *daijin* ruinés par le plaisir. Saikaku y précise qu'après sa ruine, il se fit acupuncteur.

2. Temple principal de la secte de la Terre Pure (Jôdoshû), dans l'arrondissement de Higashiyama-ku, sur les flancs du Kachôzan. Il s'élève à l'endroit où le moine Hônen établit son ermitage et se consacra à la pratique du *nenbutsu* ou évocation du bouddha Amida. Il jouit d'une vue réputée sur la ville de Kyôto.

3. *Kôsen*, dit encore *kogashi*, riz ou autre céréale, d'abord grillé puis réduit en poudre et enfin délayé dans de l'eau chaude.

Un jour, Mori Gorô et Tsuba Saburô [1], montés à la capitale pour admirer les premières fleurs de cerisiers, s'amusaient dans une maison de thé de leur connaissance, proche du pont de Yamato [2]. Ils

1. Deux *daijin* d'Ôsaka, qui apparaissent ailleurs dans l'œuvre de Saikaku. Au chapitre IV,5 du *Grand Miroir de toutes les voluptés,* Mori Gorô donne une fête d'adieu somptueuse à une courtisane de Nara avec qui il s'était lié au cours d'un bref voyage. Au chapitre VIII,4 du *Grand Miroir de l'amour mâle,* un joyeux noceur nommé Mori, peut-être le même, participe à une partie de plaisir en compagnie d'acteurs de kabuki. Enfin, ce nom se rencontre au chapitre VII,7 de *La Vie d'un libertin,* où un *daijin* de ce nom tue à force de le hâter un porteur de chaise. Quant à Tsuba Saburô, on l'aperçoit la nuit en tête-à-tête avec une courtisane de Shimabara au chapitre VI,3 du *Grand Miroir de toutes les voluptés*.

2. Pont sur la rivière Shirakawa à la hauteur de l'avenue Yamato-ôji, juste au nord des théâtres de Shijôgawara.

avaient engagé pour chanter et jouer du *shamisen* une fille dont la beauté l'emportait sur celle de Kichi de chez Hishiya[1] qui faisait parler d'elle à la capitale. Mais c'était loin de valoir les aubes de Shimabara. Aussi se pressèrent-ils de prendre congé au petit matin, faisant leur toilette à la hâte. Ils en étaient à se brosser les dents quand ils se souvinrent de Birikoku, qu'ils allèrent visiter chez lui. Etonné de les voir, il leur ouvrit la porte, et les voilà qui échangent pêle-mêle les nouvelles de Naniwa et les rumeurs de la capitale, tandis que les pins des montagnes alentour résonnent des échos de leurs éclats de rire. Bientôt le soleil se leva, et Birikoku s'avisa de faire déjeuner ses hôtes. Malgré leur refus, il insista pour les retenir, si bien qu'ils consentirent à prendre un bol de pâtes au saké. Mais le maître de maison sortit son écritoire : « Nous avons beau être à Kyôto[2], j'entends vous régaler, dit-il. Allons, choisissez en toute liberté ce dont vous avez envie. Mais d'abord, laissez-moi vous conseiller. Que diriez-vous d'un potage de *yomena*[3] et d'émincé d'alouette et, pour grillade, d'anguilles de Seta de tout premier choix ? Ensuite on prendrait un carassin avec ses œufs en sauce et, pour ne pas multiplier les poissons d'eau douce, de

1. Cette maison de thé d'Ishigaki est peut-être celle de ce Hishiya dont le nom apparaît au chapitre III,1 du présent recueil. Quant à Kichi, elle est encore citée comme modèle de beauté au chapitre III,2 de *Splendeur de ce triste monde flottant, vie d'un homme,* dernier recueil publié du vivant de Saikaku.

2. En effet, Kyôto, réputée pour son élégance, le cédait en revanche pour la gastronomie à Ôsaka.

3. Le nom savant de cette plante est *Aster yomena.*

simples filets de dorade crus. Ah, j'allais oublier: de la grosse bardane de Horikawa. Cela vous va-t-il ? » Il marqua encore à la fin de la liste: « Joignez à cela quelques hors-d'œuvre », puis, après avoir calculé le nombre de convives tant visiteurs que membres de la maisonnée, il la tendit à son domestique en disant: « Tout cela pour six personnes et aussi rapidement que possible. Va porter cela à la maison de thé habituelle. » Mais le domestique restait imperturbable. « Eh bien, s'emporta-t-il, es-tu, toi aussi, de ceux qui vont offrir des ustensiles de terre au bouddha Yakushi[1] ? » « Je vous ai parfaitement entendu, répondit le domestique en regardant son maître droit dans les yeux, mais nous n'avons pas encore payé les livraisons habituelles: même pour un repas à deux, le patron réclame les arriérés. Inutile de lui commander un pareil festin: il n'y a aucune chance pour qu'il accepte. »

Les éclats de rire mirent fin à l'incident. Les deux compères invitèrent Birikoku dans leur auberge, si bien que le déjeuner, dont ils s'occupèrent aussitôt, ne put commencer que l'heure de quatre passée[2]. L'ermite était amateur de bonne chère et ne manquait pas de faire claquer sa langue pour constater un excès de sel ou de vinaigre. « A la vapeur ou en grillade, le maquereau que j'ai mangé à Ôsaka était autrement plus frais ! » Il n'avait toujours pas oublié l'époque de

1. Les malades atteints de surdité offraient au bouddha guérisseur Yakushi des ustensiles de terre cuite percés de trous et réunis par un cordon.

2. Vers dix heures du matin.

sa splendeur et vivait comme dans un rêve. « Pour un ermite qui a renoncé au monde, vous êtes bien exigeant ! » lui disaient-ils pliés de rire.

« Les neuf lettres de serment obtenues par cet homme d'Asazuma, la *tayû* de chez Fujiya qui faisait jadis les entretiens d'Ôsaka, auront servi à fabriquer des mèches à briquet. C'était comme un bœuf qu'on ferait sortir des ténèbres : il ne lui arrivait pas souvent de voir les fleurs de la belle-de-midi. Néanmoins, à sa mort, on a tout de même trouvé un linceul blanc pour ses funérailles », dit un homme de Kyôto.

POSTFACE D'UN ÉDITEUR

Cet ouvrage en cinq volumes intitulé *Présent d'adieu*[1] est l'œuvre du Vieillard aux vingt mille vers, du cercle de *haikai* de Naniwa. Ah, notre regretté maître se plaisait à explorer le domaine du rire. C'est lui qui proféra les vingt mille cinq cents vers dont le souvenir se perpétuera mille ans, aussi longtemps que durent les pins de la baie de Sumi. Pour ce qui est de composer des ouvrages, il était sans égal. Hélas ! l'oiseau de mille ans[2] laisse un nom impérissable, mais son existence s'est interrompue à la cinquante-deuxième année : au dixième jour du second mois d'automne, il prit son départ avec la lune pour le ciel de l'ouest. Cet ouvrage qu'il rédigea pour se distraire pendant la maladie ravive en moi son souvenir. Dans la pensée que d'autres que moi pourraient partager ce sentiment, je le gravai sur des planches de catalpa et le rendis public. Et comme je me félicitais tout particulièrement que du troisième volume au quatrième le texte en fût autographe, je le publiai en l'état sans

1. Il s'agit du titre original du recueil.

2. La grue, oiseau faste, symbole de longévité, dont le caractère figure dans le nom de Saikaku.

y apporter de corrections. En vérité, me dis-je, lorsqu'il est écrit que la voix de la grue au fond des marais résonne jusqu'au ciel[1], c'est de cet homme qu'il s'agit. Cette réflexion m'a décidé à prendre le pinceau.

Jour faste de l'hiver de l'année du Cadet de l'Eau et du Coq, sixième de l'ère Genroku.

Editeurs

TANAKA SHÔHÊ,
Kyôto, Teramachi,
au-dessus de la cinquième avenue.

YOROZUYA KIYOHÊ,
Edo, Aomono-chô.

YAO JINZAEMON,
Naniwa, Sakai-suji, Higo-chô.

Du même auteur paraîtront incessamment :

Les Heures oisives vulgaires de Saikaku.

1. Réminiscence d'un vers contenu dans le classique chinois des *Odes*.

LISTE DES COURTISANES ET DES ACTEURS

Pour dresser cette liste, nous avons utilisé l'étude de Sugimoto Yoshinobu, « Saikaku okimiyage no kôsatsu », dans *Saikaku to sono shûhen,* Hinotani Teruhiko éd., 1991. Certaines identifications sont problématiques. Les courtisanes ne sont pas en effet désignées par leur nom personnel, mais par un nom de métier que chacune d'elles transmet généralement à celle qui lui succède. D'autre part, plusieurs courtisanes de même nom peuvent avoir servi simultanément dans plusieurs maisons différentes, qu'il n'est pas toujours facile de distinguer. Enfin, dans le monde romanesque de Saikaku, la frontière entre réalité et fiction est souvent floue.

AGEMAKI. *Tayû* de chez Sadoshimaya (Fujiya) Kan.emon, Shinmachi Sadoshima-chô, mentionnée dans le *Gong de Naniwa*. Ere Enpô : II,3 (p. 87).

ARASHI SABURÔSHIRO. Acteur de kabuki originaire d'Edo, disciple et protégé d'Arashi Saemon qu'il suivit à la capitale. Saburôshirô se donna la mort à la fin de l'année 1687. Saikaku évoque sa mort tragique dans le bref roman *Arashi, vie et mort d'un acteur* : III,1 (p. 96).

ASAZUMA. *Tayû* de chez Sadoshimaya (Fujiya) Kan.emon, Shinmachi, mentionnée dans le *Gong de Naniwa* avec le rang de *tenjin*. Ere Kanbun : V,3 (p. 152).

AZUMA. *Tayû* de chez Sadoshimaya (Fujiya) Kan.emon, Shinmachi Sadoshima-chô, mentionnée dans le *Gong de Naniwa*. Ere Enpô : II,3 (p. 87).

AZUMA. *Tayû* de chez Sadoshimaya (Fujiya) Kan.emon, Shinmachi Sadoshima-chô. Rachetée durant l'ère Kanbun par un notable du village de Yamamoto de la province de Sesshû : IV,3 (p. 124).

CHITOSE. *Tayû* de chez Tazaemon, Yoshiwara Sumi-chô. Ere Enpô : III,2 (p. 99) et V,3 (p. 149). D'autres courtisanes de ce nom, mais de second rang, sont signalées au cours des ères Kanbun, Enpô, Tenna. Celle dont il s'agit au chapitre V,3 est l'une de celles-ci. Une *tayû* Chitose est mentionnée au chapitre I,4, de *Vie d'une amie de la volupté.*

ECHIZEN. Probablement la *tayû* de chez Konomuraya Matajirô, Shinmachi Shimono-chô, mentionnée dans le *Gong de Naniwa* et *Le Grand Miroir de toutes les voluptés*, VI,1. Ere Enpô : II,3 (p. 88, 89).

FUJISAKI. Non identifiée : I, table (p. 42) ; I,1 (p. 43).

HANAMURASAKI. *Tayû* de chez Miura Shirôzaemon, Yoshiwara Kyô-machi. Eres Tenna et Jôkyô : III,2 (p. 103).

HANJO. *Tayû* de chez Kanbayashi Gorôemon, Shimabara Shimono-chô. Débute en 1672 et se retire en 1675. Selon Sugimoto Yoshinobu, il pourrait aussi s'agir d'une *tenjin* (courtisane de second rang) de chez Ichimojia Shichirôbê, ère Jôkyo : V, table (p. 132) ; V,2 (p. 144-146).

HATSUSE. *Tayû* de chez Atarashiya Matashichirô, Shinmachi Shimono-chô, mentionnée dans le *Gong de Naniwa*. Ere Enpô : II,3 (p. 87).

IKKAKU. *Kôshi* (courtisane de second rang) de chez Nakamuraya Gohê, Yoshiwara Nichôme : II,2 (p. 82).

IZUTSU. *Tayû* de chez Tanbaya, Shinmachi Sadoshima-chô, mentionnée dans le *Gong de Naniwa*. Ere Enpô : II,3 (p. 87).

KAORU. *Tayû* de chez Kanbayashi Gorôemon, Shimabara Shimono-chô. Une de celles qui se sont succédé sous ce nom : I,2 (p. 56).

KAORU. *Tayû* de chez Kanbayashi Gorôemon, Shimabara Shimono-chô. Sans doute la cinquième du nom, devenue *tayû* en 1676, à la mort de la quatrième. Selon Sugimoto Yoshinobu, il pourrait aussi s'agir d'une *tayû* de chez Kanbayashi Gorôsaemon, ère Jôkyo : V,2 (p. 144).

KARASAKI. *Tayû* de chez Miura Shirôzaemon, Yoshiwara Kyômachi, quatrième du nom. Ere Enpô : III,2 (p. 99).

KARUMO. Non identifiée : I,2 (p. 54).

KASEN. *Tenjin* (courtisane de second rang), peut-être celle de la maison Takamuraya, Shinmachi, que mentionne le *Gong de Naniwa* : II,3 (p. 85).

KATSUNOJÔ. Courtisane de bas rang *(hashitsubone)* de chez Fushimiya, Shinmachi : II,3 (p. 87).

KAZURAKI. Courtisane de chez Sadoshimaya (Fujiya) Kan.emon, Shinmachi Sadoshima-chô, mentionnée dans le *Gong de Naniwa* avec le rang de *tenjin*. Ere Enpô : II,3 (p. 87).

KICHI. Courtisane employée dans la maison de thé de Hishiya Rokuzaemon, à Ishigaki : V,3 (p. 151).

KICHINOJÔ. Courtisane de bas rang, Yoshiwara Honchôgashi. Non identifiée : IV,1 (p. 116).

KICHISHÛ. Non identifiée : II,2 (p. 79).

KICHIYA. Acteur de kabuki, sans doute Uemura Kichiya, peut-être le premier du nom (ères Kanbun-Enpô), mais plutôt le second qui fut actif durant les ères Tenna et Jôkyô ; Saikaku lui consacre une notice dans son répertoire d'acteurs, *Visages de Naniwa, maquillage d'Ise* : V, table (p. 132) ; V,3 (p. 149).

KIMIKAWA. *Tayû* de chez Sakaiya, Shinmachi, mentionnée dans le *Gong de Naniwa*. Ere Enpô : II,3 (p. 87).

KINDAYÛ. *Tayû* de chez Atarashiya à Shinmachi Shimono-chô, ère Enpô : I,3 (p. 62, 65) et II,3 (p. 87).

KINDAYÛ. *Tayû* de chez Kanbayashi Gorôemon à Shimabara Kamino-chô, quatrième de ce nom, devenue *tayû* en 1678. Ou, plutôt, celle que mentionne à la fin de l'ère Jôkyô le *Shokoku irozato annai* (1688) : IV, table (p. 110) ; IV,2 (p. 118).

KINGO. *Tayû* de chez Sadoshimaya (Fujiya) Kan.emon, Shinmachi Sadoshima-chô, mentionnée dans le *Gong de Naniwa*. Ere Enpô : II,3 (p. 86).

KIRIYAMA. *Tayû* de chez Yagiya Shinmachi. Peut-être celle qui est mentionnée dans le *Gong de Naniwa* et *La Vie d'un libertin*, VII,5, et qui fut active durant l'ère Enpô : II,3 (p. 85).

KODAYÛ. *Tayû* de chez Konomuraya Matajirô, Shinmachi Shimono-chô. Peut-être celle mentionnée dans le *Gong de Naniwa.* Ere Enpô : II,3 (p. 85) et IV,3 (p. 128).

KOFUJI. *Kôshi* (courtisane de second rang) de chez Aokiya Kichibê, Yoshiwara Sumi-chô. Eres Tenna-Jôkyô : IV, table (p. 110) ; IV,1 (p. 114).

KOMONDO. *Tayû*, puis, à partir de 1680, *kôshi* (courtisane de second rang) de chez Yamamoto, Yoshiwara Shinmachi. Eres Enpô-Tenna : III,2 (p. 100) et IV,1 (p. 113).

KOMURASAKI. *Tayû* de chez Miura Shirôzaemon, Yoshiwara Kyô-machi, seconde du nom. Apparaît dans le chapitre I,5 du *Grand Miroir de toutes les voluptés.* Se serait retirée en 1684 : III,1 (p. 96, 97).

KOZATSUMA. *Tayû* de chez Tanbaya, Shinmachi Sadoshima-chô, mentionnée dans le *Gong de Naniwa.* Ere Enpô : II,3 (p. 87).

KOZATSUMA. *Kôshi* (courtisane de second rang) de chez Manjia Shôzaemon, Yoshiwara Sumi-chô. Eres Tenna et Jôkyô : III,2 (p. 102).

MAN. Non identifiée : V, table (p. 132) ; V,1 (p. 140).

MATSUHIMA HAN.YA. Acteur spécialisé dans les rôles féminins, actif sur la scène d'Ôsaka de l'ère Enpô à l'ère Jôkyô : II,3 (p. 85).

MINE NO KOZARASHI. Acteur d'Ôsaka spécialisé dans les rôles de jeunes gens pendant les ères Enpô et Tenna. Voir *Le Grand Miroir de l'amour mâle*, VIII,2 : II,1 (p. 70).

MOROKOSHI. *Tayû* de chez Akashiya Hachiemon, Shinmachi Awaza Kamino-chô, mentionnée dans le *Gong de Naniwa.* Ere Enpô : II,3 (p. 87).

MOROKOSHI. *Tayû* de chez Ichimojiya Shichirôbê, Shimabara Nakano-chô, seconde du nom, mentionnée dans le *Shokoku irozato annai.* Eres Tenna et Jôkyô : III,1 (p. 95) ; IV,1 (p. 113) et IV,2 (p. 118).

MURASAKI. *Tayû* de chez Sadoshimaya (Fujiya) Kan.emon, Shinmachi Sadoshima-chô, mentionnée dans le *Gong de Naniwa.* Ere Enpô : II,3 (p. 87).

NAGATSU. *Tayû* de chez Ôgiya Shirobê, Shinmachi Nakano-chô ; elle apparaît au chapitre VII,6 de *La Vie d'un libertin*, où elle aide sa consœur Azuma à rencontrer Yonosuke malgré les précautions d'un client jaloux : II,3 (p. 89).

NOAKI. Non identifiée, peut-être une allusion à Nokaze (voir ce nom) : I, table (p. 42) ; I,2 (p. 55).

NOKAZE. *Tayû* de chez Ôsakaya Tarôbê, Shimabara Shimono-chô. Seconde de ce nom, débute en Enpô 4, se retire sans doute en Enpô 8 : II,1 (p. 70 et n. 2) ; IV,2 (p. 120).

OGINO. *Tayû* de chez Ôgiya Saburôemon, Shinmachi Nakano-chô. Eres Tenna et Jôkyô : IV,1 (p. 113).

OKOTO. *Tayû* de chez Tanbaya, Shinmachi Sadoshima-chô, mentionnée dans le *Gong de Naniwa* et *La Vie d'un libertin* (VI,3). Ere Enpô : II,3 (p. 87).

ONOJIMA. Courtisane de Nara. Ere Jôkyô. Non identifiée : III,3 (p. 106, 108).

ÔSHÛ. *Tayû* de chez Sadoshimaya (Fujiya) Kan.emon, Shinmachi Sadoshima-chô : II,3 (p. 87) et IV,3 (p. 124).

SAKUYA KUHÊ. Acteur de kabuki pendant les ères Kanbun et Enpô : V,2 (p. 141).

SAMON. *Tayû* de chez Nagasakiya Shichirôemon, Shimabara Kamino-chô, deuxième de ce nom. D'après *Le Grand Miroir de la Voie de l'amour*, débute en 1670 et se retire en 1675 : IV,2 (p. 122).

SEGAWA. *Tayû* de chez Sumiyoshiya, Shinmachi, mentionnée dans le *Gong de Naniwa*. Ere Enpô : II,3 (p. 87).

SEKISHÛ. *Tayû* de chez Hayashi Yojihê, Shimabara Shimono-chô. Ere Enpô : I,2 (p. 52).

SENNOSUKE. Courtisane du milieu de l'ère Kanbun, connue pour s'être déguisée en jeune garçon : IV,3 (p. 129).

SEYAMA. *Tayû* de chez Sadoshimaya (Fujiya) Kan.emon, Shinmachi Sadoshima-chô : II,3 (p. 85).

SUZUKI HEIHACHI. Acteur spécialisé dans les rôles de jeunes gens, célèbre dans les années Tenna et Jôkyô. Meurt en 1686 à vingt-trois ans : V,1 (p. 135).

TAKAMA. *Tayû* de chez Sadoshimaya (Fujiya) Kan.emon, Shinmachi Sadoshima-chô, mentionnée dans le *Gong de Naniwa*. Ere Enpô : II,3 (p. 87).

TAKAO. *Tayû* de chez Miura Shirôzaemon, Yoshiwara Kyô-machi, quatrième du nom. Ere Enpô : III,1 (p. 98).

TAMANOI. Non identifiée : V,1 (p. 138).

TÔJÛRÔ. Sakata Tôjûrô, acteur d'Ôsaka (1645-1709), célèbre pour ses rôles de compositions de jeunes fils de famille ruinés par l'amour des courtisanes. Il se rendit célèbre en 1678 à Ôsaka dans le rôle de Fujiya, client de la courtisane Yûgiri décédée l'année précédente. Lié à Saikaku auprès duquel il pratiqua le *haikai*, Tôjûrô joua aussi dans de nombreuses pièces de Chikamatsu. En 1696, il devint directeur de troupe au théâtre Mandayû à Kyôto : V,3 (p. 148).

TSUMAGAWA. *Tayû* de Shinmachi durant l'ère Kanbun, mentionnée dans *Le Grand Miroir de toutes les voluptés*, II,2 : IV,3 (p. 128).

USUGUMO. *Tayû* de chez Miura Shirôzaemon, Yoshiwara Kyômachi, seconde du nom. De la fin de l'ère Enpô à l'ère Jôkyô : II,2 (p. 82) et III,1 (p. 98).

WAKAYAMA. *Kôshi* (courtisane de second rang) de chez Nakamura Gôrôbê, Yoshiwara Sumi-chô : II,2 (p. 82).

YATSUHACHI. *Tayû* de chez Sôhê, Yoshiwara Shinmachi. Ere Enpô : III,2 (p. 99).

YAMATO. *Tenjin* (courtisane de second rang) de chez Konomuraya Matajirô, à Shinmachi Shimono-chô, mentionnée dans le *Gong de Naniwa.* Ere Enpô : II,3 (p. 85).

YOSHIDA. *Tayû* de chez Sadoshimaya (Fujiya) Kan.emon, Shinmachi Sadoshima-chô, mentionnée dans le *Gong de Naniwa* avec le rang de *tenjin*. Ere Enpô : II,3 (p. 87).

YOSHIDA JÛRÔBÊ. Acteur d'Ôsaka : IV,3 (p. 128).

YOSHINO. *Tayû* de chez Akashiya Hachiemon, Shinmachi Awaza Kamino-chô, mentionnée dans le *Gong de Naniwa.* Ere Enpô : II,3 (p. 87).

YOSHINO. *Tayû* de chez Kita Hachizaemon Shichirôemon, Shimabara Kamino-chô, troisième du nom, qui, selon *Le Grand Miroir de la Voie de l'amour*, débuta en 1674 et fut rachetée en 1679. Cependant Sugimoto Yoshinobu propose de voir dans celle du chapitre V,2 une *tayû* de chez Kikyôya Hachizaemon, mentionnée dans deux répertoires de l'ère Jôkyô : IV, table (p. 110) ; IV,2 (p. 119-122) et V,2 (p. 143).

YÛGIRI. *Tayû* de chez Sôhê, Yoshiwara Shinmachi. Ere Enpô : III,2 (p. 99).

RÉPERTOIRE

AMIDA. *Amitâbha* en sanskrit : « Celui à l'éclat immensurable ». Bouddha régnant sur la Terre Pure de l'Ouest, qui a fait vœu de sauver tous les êtres invoquant son nom. Venues de Chine, les croyances et pratiques amidistes, le *nenbutsu*, répétition du nom d'Amida (*namu Amida butsu*, « Hommage au bouddha Amida »), et l'espoir d'une renaissance dans la Terre Pure se répandent au Japon à partir du Xe siècle. Au XIIe siècle, ce courant s'organise autour de figures comme celles de Hônen ou Shinran et donne naissance à des sectes indépendantes qui exerceront une influence profonde sur la piété populaire. Les fidèles de ces sectes pouvaient s'organiser en cercles ou confréries dites *nenbutsu-kô*, dont le rôle, autant que religieux, était social et économique.

AMIDISTE. Voir AMIDA.

DANSUI. Hôjô Dansui (1663-1711), disciple et exécuteur testamentaire de Saikaku. Versé dans le *haikai* depuis sa jeunesse dans le sillage de Saikaku, Dansui compose également de nombreux recueils de nouvelles. Devenu maître de *haikai* en 1688, il multiplie les publications dans ce domaine. A la mort de Saikaku, Dansui vient s'installer dans l'ermitage de celui-ci à Ôsaka et se charge de la publication de ses œuvres posthumes. Il revient à Kyôto en 1701 et poursuit ses activités littéraires et éditoriales. Il est en particulier connu dans la région de Kyôto et d'Ôsaka comme maître de *maeku-zuke*, forme populaire dérivée du *haikai* consistant à joindre à un vers de 7 + 7 syllabes imposé un pendant de 5 + 7 + 5 syllabes.

FUROSHIKI. Carré de tissu servant aujourd'hui encore à envelopper et à transporter toutes sortes d'effets.

HIKIFUNE. Courtisane de troisième rang *(kakoi)* chargée d'escorter une *tayû* lors de ses engagements. Elles devaient également animer les réunions en jouant du *shamisen*. Leur tarif à Shimabara au cours de l'ère Enpô était de 18 *monme*.

HOKKU. Vers initial, qui dans le *renga* (vers enchaînés) ou le *haikai renga*, pendant comique du précédent, ouvre une chaîne de cent ou de trente-six vers. Il obéissait à des règles particulières. Le poète devait en effet y faire allusion aux circonstances ou à l'atmosphère qui présidaient à la séance d'improvisation poétique. Des *hokku* pouvaient être composés à l'avance, en prévision d'une séance ultérieure, ou même indépendamment de toute série, sous forme d'improvisation, en réponse à la sollicitation du moment. On peut alors les considérer comme de véritables poèmes. C'est le cas du poème d'adieu de Saikaku ainsi que des poèmes composés à sa mémoire que Dansui a placés en tête de ce recueil. Sous cette forme indépendante, le *hokku* s'est constitué en un genre poétique à part entière. Illustré notamment par le poète Matsuo Bashô (1644-1694), il est l'ancêtre du genre moderne du haïku.

ISE (SANCTUAIRE D'–). Sanctuaire shintô où l'on célébrait la déesse solaire Amaterasu, ancêtre de la lignée impériale. Au cours de la période d'Edo (1603-1868), la vieille pratique du pèlerinage à Ise prit le caractère d'un phénomène de masse, attirant d'énormes foules de pèlerins voyageant individuellement ou en groupes.

JIZÔ. En sanskrit *Ksitigarbha*, « Qui porte en lui les vertus de la Terre ». La foi en Jizô, bodhisattva de la compassion, qui a fait le vœu de secourir tous les êtres qui souffrent, se développe au Japon à partir de la fin du Xe siècle et connaît une grande extension. Jizô est vénéré notamment comme maître du monde souterrain, comme protecteur des enfants morts en bas âge ou avortés, ou comme gardien des chemins. Voir Bernard Frank, *Le Panthéon bouddhique au Japon*, Réunion des musées nationaux, 1991.

JÔRURI. Récits destinés à la récitation avec accompagnement de *shamisen*. Très en vogue au cours du XVIIe siècle, le *jôruri* s'adjoint le spectacle de marionnettes et devient un genre théâtral majeur, rival du kabuki avec Uji Kaga no jô (1635-1711), puis avec le dramaturge Chikamatsu (1653-1724) et le compositeur et interprète Takemoto Gidayû (1651-1714). Par ailleurs, les amateurs apprenaient à chanter le *jôruri* tout comme on le faisait pour le nô. Saikaku dit sa prédilection pour ce genre dans sa préface au *Kotakeshû*, anthologie de pièces de Kaga no jô.

KAZUKI. Vêtement de dessus porté par les femmes de la haute société guerrière, mais aussi marchande, et dont elles se recouvraient la tête pour se voiler le visage lors de leurs sorties.

KOTO. Cithare japonaise, introduite au Japon au VIIIe siècle, instrument caractéristique de la civilisation aristocratique de l'époque de Heian (794-1185). Par opposition au *shamisen* apparu au XVIIe siècle et étroitement lié à la vie des cités modernes, le *koto* est associé à une atmosphère de retraite raffinée.

MAISON DE RÉCEPTION *(AGEYA)*. Voir QUARTIERS DE PLAISIR.

MOCHI. Gâteaux de riz gluant, utilisés notamment pour les mets et les décorations du Nouvel An.

NOM DE LIEU POÉTIQUE *(UTA MAKURA)*. Toponymes canoniques en usage dans la poésie classique japonaise. Introduits dans la prose narrative, les *uta makura* l'enrichissent d'associations poétiques et lui donnent un caractère élégant. Dans les romans de Saikaku, le Japon prosaïque des cités marchandes contemporaines est constamment doublé par ce Japon poétique issu de l'imaginaire collectif. Ainsi, par exemple, la ville moderne d'Ôsaka est souvent évoquée par son nom poétique Naniwa, riche d'innombrables souvenirs tant littéraires qu'historiques. Sur la question des *uta makura*, voir Jacqueline Pigeot, *Michiyuki-bun*, Maisonneuve et Larose, 1982.

NAGEBUSHI. Style de chant avec accompagnement de *shamisen* qui fut en vogue pendant toute la seconde moitié du XVIIe siècle. On le dit inventé par la courtisane Kawachi de Shimabara. Les paroles du *nagebushi* obéissaient au schéma métrique de 7 + 7 + 7 + 5 syllabes.

PORTE-TAMBOUR (*TAIKOMOCHI*). On les appelait encore « satellites » (*massha*). Les porte-tambours ou amuseurs étaient un élément indispensable lors des fêtes données dans les quartiers de plaisir. Ils escortaient le client ou *daijin* et donnaient à sa visite dans le quartier la dignité qui correspondait à sa position sociale et surtout à sa richesse. Pendant la réception elle-même, ils participaient à la gaieté générale en faisant montre de leurs talents qui pouvaient aller de la musique à toutes sortes d'arts de société, tels que jeux de mots, plaisanteries, imitation, etc. En particulier, ils assistaient un *daijin* débutant ou maladroit, assurant le bon déroulement de la soirée. Le métier n'était guère estimé et, comme on le voit dans les nouvelles de notre recueil, la plupart des porte-tambours n'étaient guère plus que des parasites. Certains cependant, parfois d'anciens clients ruinés, s'imposaient par leur science dans le domaine de la galanterie et de l'élégance ou par la force de leur talent. Les acteurs de kabuki ne dédaignaient pas non plus d'accompagner de riches clients dans les quartiers de plaisir. L'auteur lui-même a certainement participé à des fêtes de ce genre où son art de la conversation, son talent de conteur, mais aussi ses compétences et son prestige de maître de *haikai* devaient être fort prisés.

QUARTIERS DE PLAISIR (*YÛKAKU, YÛRI, KURUWA, IROZATO*). Quartiers où les autorités cherchent à enfermer les activités des courtisanes à l'époque d'Edo. Protégés par des enceintes et surveillés, ces quartiers s'établissent dans de nombreuses villes. Ceux d'Edo (Shin-Yoshiwara ou tout simplement Yoshiwara), d'Ôsaka (Shinmachi), mais surtout de Kyôto (Shimabara) étaient les plus prestigieux. Des maisons de courtisanes *(jorôya)* voisinent avec des maisons de réception (*ageya*) où les courtisanes de haut rang sont reçues par leurs clients (*daijin*). Celles de rang inférieur, bien moins chères, reçoivent elles-mêmes leurs clients dans leur logement (*tsubone*). Parmi les courtisanes de haut rang, on distingue les *tayû* (titre à l'origine décerné aux artistes comme les acteurs du nô), les *tenjin* (ainsi nommées par plaisanterie pour le tarif de vingt-cinq *monme* qu'elles avaient un moment pratiqué : le vingt-cinq du mois était le jour de Tenjin, l'esprit divinisé du courtisan du IXe siècle Sugawara no Michizane) et les *kakoi* (en vertu d'un autre jeu de mots, plus compliqué, faisant allusion à un tarif de quatorze *monme*), respectivement du premier, du second et du troisième rang. La nomenclature d'Edo était différente : les courtisanes de second rang s'y nommaient *kôshi*, puis venaient les *sancha* qui recevaient chez elles. A chaque rang correspondait un tarif différent, auquel s'ajoutaient les frais de réception, les cadeaux. En outre, les courtisanes de haut rang ne se déplaçaient pas seules, mais avec une suite de courtisanes et d'apprenties *(kaburo)*. Les clients se faisaient également accompagner par des « porte-tambours » (*taikomochi*) ou « satellites » *(massha)*, amuseurs chargés d'animer les réunions. Les réunions avaient lieu au milieu de la journée ou le soir. A la tombée de la nuit, les portes fermaient et les clients qui étaient restés dormir devaient attendre le lendemain matin pour revenir chez eux. Les rapports entre les clients et les courtisanes étaient réglés par de nombreux usages, dont la connaissance caractérise le *sui*, l'habitué ou le connaisseur. On s'attendait à ce que le client se montre à la hauteur de la conversation spirituelle menée par les courtisanes. Les courtisanes étaient tenues de travailler certains jours marqués dans le calendrier *(monbi)*, sans quoi elles devaient dédommager leur patron sur leurs fonds propres. Faute d'un protecteur assez fortuné ou attentionné pour l'engager les jours de fête, une courtisane avait du mal à garder son budget en équilibre. Incapable de tenir son rang, elle risquait alors d'être rétrogradée à un rang inférieur. Souvent, elle s'endettait auprès de son patron et devait rester servir pour le rembourser au-delà du terme de son contrat de dix ans. Une intense activité éditoriale s'élabore autour des quartiers de plaisir : répertoires critiques de courtisanes (*hyôbanki*), manuels à l'usage des clients, guides et descriptions, et jusqu'à cette somme encyclopédique constituée par Fujimoto Kizan, un client ruiné devenu porte-tambour, et intitulée *Le Grand Miroir de la Voie de l'amour* (1667).

SATELLITE *(MASSHA)*. Voir PORTE-TAMBOUR.

SHAMISEN. Instrument de musique, à trois cordes de soie tressées, à long manche recourbé et doté d'une caisse de résonance rectangulaire faite d'un cadre de quatre plaques de bois assemblées, tendu sur deux faces d'une peau de chat ou de chien. On en joue à l'aide d'un plectre. Introduit depuis l'archipel méridional d'Okinawa au début du XVIIe siècle, le *shamisen* est adopté par des joueurs de *biwa* et devient l'instrument caractéristique des théâtres et des quartiers de plaisir.

SYSTÈME MONÉTAIRE. Le système monétaire fixé au début du XVIIe siècle reposait sur la coexistence de trois monnaies : or, argent et cuivre.

1. *Monnaie d'or*

Unité : le *ryô*, soit 10 grammes d'or.

Un *ryô* se divise en 4 *bu*.

Pièces : *koban* d'une valeur d'un *ryô* ; *ichibu* valant un quart de *ryô*. L'*ôban*, à usage cérémoniel principalement et d'une valeur faciale de 10 *ryô*, s'échangeait pour environ 7,5 *ryô*.

2. *Monnaie d'argent*

Unité : le *me* ou *monme*, soit 3,75 grammes d'argent.

Un *monme* se divise en 10 *fun*. Le *kanme* équivaut à mille *monme*.

L'argent prédominant dans l'économie des régions centrales (Ôsaka, Kyôto, par opposition à Edo où prédominait

l'or) ne circulait pas sous forme de pièces acceptées pour leur valeur faciale, mais sous forme de lingots ou de plaquettes (*mameitagin*) qu'on pesait à chaque transaction.
3. *Monnaie de cuivre*
Pièces de cuivre d'un *mon.* Un *kanmon* équivaut à mille *mon.*
Le cours du change de ces diverses monnaies les unes par rapport aux autres était officiellement fixé à : 1 *ryô* = 60 *monme* = 8 *kanmon* (8 000 *mon*). Il était cependant fluctuant dans les boutiques des changeurs.
A l'époque Jôkyô-Genroku (1684-1704), un *koku* de riz (180 kilos) valait environ 40 *monme.*

TAYÛ. Courtisanes du premier rang, le plus élevé dans la hiérarchie des quartiers de plaisir. Le terme *tayû* est un ancien titre de cour, qui fut ensuite conféré à des artistes tels que les acteurs de nô ou les chanteurs de *jôruri*. Choisies pour leur beauté et leur talent, formées dès leur plus jeune âge à tous les arts nécessaires à une courtisane : bonnes manières, musique, littérature, calligraphie, etc., les *tayû* incarnaient au premier chef l'idéal esthétique des grands quartiers de plaisir. Elles pouvaient être contemplées par le public au cours du *dôchû* ou procession solennelle, quand elles se transportaient de la maison de courtisanes où elles vivaient jusqu'à la maison de réception où elles rencontraient leur client. Entourées de marques de respect, escortées de courtisanes subalternes et d'apprenties, elles n'en étaient pas moins une marchandise, avec un statut proche de l'esclavage durant les dix ans que durait leur période d'engagement. Cependant, il leur revenait de gérer elles-mêmes leur budget et de régler leurs dépenses sur les gains qu'elles pouvaient escompter de leur client. Elles étaient assistées et surveillées pour cela par les *yarite* (surveillantes), généralement elles-mêmes d'anciennes courtisanes. Engager une *tayû* revenait à cinquante-huit *monme* à Shimabara à l'ère Enpô, mais cette somme ne représentait qu'une partie de la dépense. Seule l'élite de la société marchande pouvait se permettre le luxe d'engager une de ces courtisanes, dont certaines telles que Yoshino, Yûgiri ou Takao sont devenues de véritables figures de légende.

TENGU. « Chiens célestes », monstres volants, hantant les montagnes reculées, que le Moyen Age japonais représente sons l'aspect de *yamabushi* (ascètes des montagnes) pourvus d'ailes et d'un nez proéminent. Ce dernier détail rappelle l'expression *hana ga takai*, littéralement : « avoir le nez proéminent », c'est-à-dire « se montrer orgueilleux ou arrogant ».

VOIE DES JEUNES GENS *(SHUDÔ).* Code d'amour homosexuel, qui s'est élaboré dans la société guerrière médiévale, et qui repose sur les valeurs de fidélité et d'esprit de sacrifice. Un aîné *(nenja)* s'unit à un jeune garçon *(wakashû),* son cadet, dans un pacte dit « fraternel » de fidélité mutuelle qui dure jusqu'à l'arrivée du plus jeune à l'âge adulte. De nombreuses pièces de kabuki illustrent ces valeurs chevaleresques, dont l'attrait et l'influence s'exercent ainsi au-delà des milieux guerriers.

WANKYÛ. Sobriquet de Wan.ya Kyûhê, un marchand d'Ôsaka qui se rendit célèbre en dissipant la fortune familiale dans les quartiers de plaisir. Ses aventures furent portées sur la scène du kabuki et sont le sujet d'un roman de Saikaku, *Vie de Wankyû* (1685).

Dans la même collection :

L'ACADÉMIE DES DAMES
OU LA PHILOSOPHIE DANS LE BOUDOIR
DU GRAND SIÈCLE
Dialogues érotiques présentés par Jean-Pierre Dubost.

AL-JÂHIZ
LE LIVRE DES MÉRITES RESPECTIFS
DES JOUVENCEAUX ET DES JOUVENCELLES
Traduit de l'arabe et présenté par Bernard Bouillon,
suivi du livre des *Amours* du Pseudo-Lucien de Samosate
traduit du grec par Jacques-Nicolas Belin de Ballu
et d'*Alcibiade enfant à l'école* d'Antonio Rocco,
textes choisis et présentés par Jacques Cotin.

AMOUR ET RANCUNE
LES SPECTACLES CURIEUX DU PLAISIR
Récits érotiques traduits du chinois
et présentés par André Lévy.

AMOUR ET RANCUNE
LES MIROIRS DU DÉSIR
Récits érotiques traduits du chinois
et présentés par André Lévy.

L'AUBE AU PRINTEMPS
Livre d'estampes traduit du japonais
et présenté par André Geymond.

LE BRÉVIAIRE ARABE DE L'AMOUR
Traduit de l'arabe et présenté par Mohamed Lasly.

CENT POÈMES D'AMOUR DE LA CHINE ANCIENNE
Traduits du chinois et présentés par André Lévy.

CONTES DU CONSEILLER DE LA DIGUE
Traduits du japonais et présentés par Renée Garde.

COURTISANES DU JAPON
Textes choisis et présentés par Jean Cholley.

DAME NIJÔ
SPLENDEURS ET MISÈRES D'UNE FAVORITE
Traduit du japonais et présenté
par Alain Rocher.

DICTIONNAIRE DES POSTURES AMOUREUSES
Textes choisis et présentés par Jacques Cotin.

L'ESPION LIBERTIN OU LE CALENDRIER DU PLAISIR
Histoires, adresses, tarifs et spécialités
des courtisanes de Paris.
Textes choisis et présentés par Patrick Wald Lasowski.

GALANTES CHRONIQUES DE RENARDES ENJÔLEUSES
Féerie érotique et morale des Qing
traduite du chinois par Aloïs Tatu,
présentée et annotée par Pierre Kaser,
suivie de *Les Renardes par l'une d'elles* par Solange Cruveillé.

HAIKU ÉROTIQUES
Traduits du japonais et présentés par Jean Cholley.

HISTOIRES D'AMOUR DU TEMPS JADIS
Précédées de *Portraits crachés* par Pascal Quignard,
traduites du japonais et présentées
par Dominique Lavigne-Kurihara.

LE JARDIN PARFUMÉ
Manuel d'érotologie arabe du Cheikh Nefzaoui
traduit par le baron R *** et présenté par Mohamed Lasly.

MANUEL DE L'OREILLER
POUR POSSÉDER LES FEMMES
Traduit du japonais et présenté par Jean Cholley.
Introduction de Sugiura Saichirô.

LE MOINE MÈCHE-DE-LAMPE
Roman pornographique du début des Qing
traduit du chinois et présenté par Aloïs Tatu.

LE PAVILLON DES JADES
Roman érotique anonyme des Qing
traduit du chinois par Aloïs Tatu,
introduit et annoté par Pierre Kaser.

SAIKAKU
ARASHI, VIE ET MORT D'UN ACTEUR
Traduit du japonais et présenté par Daniel Struve.

SAIKAKU
L'HOMME QUI NE VÉCUT QUE POUR AIMER
Traduit du japonais et présenté par Gérard Siary
avec la collaboration de Mieko Nakajima-Siary.

SAIKAKU
LA LUNE DE CE MONDE FLOTTANT
Traduit du japonais et présenté par Daniel Struve.

SAIKAKU
LE GRAND MIROIR DE L'AMOUR MÂLE
I. AMOURS DES SAMOURAÏS
Traduit du japonais et présenté par Gérard Siary
avec la collaboration de Mieko Nakajima-Siary.

SAIKAKU
LE GRAND MIROIR DE L'AMOUR MÂLE
II. AMOURS DES ACTEURS
Traduit du japonais et présenté par Gérard Siary
avec la collaboration de Mieko Nakajima-Siary.

LA SCIENCE PRATIQUE DE L'AMOUR
Manuels révolutionnaires érotiques
présentés par Patrick Wald Lasowski.

SONGE D'UNE NUIT DE PRINTEMPS
Poèmes d'amour des dames de Heian
traduits du japonais et présentés par Renée Garde.

LE SUBLIME DISCOURS DE LA FILLE CANDIDE
Manuel érotique chinois
traduit et présenté par André Lévy.

TOUT POUR L'AMOUR
Récits érotiques traduits du chinois
et présentés par André Lévy.

UNE NUIT DANS UN HAREM MAURE
Traduit de l'anglais et présenté
par Carine Chichereau.

UTAMARO
LE CHANT DE LA VOLUPTÉ
Traduit du japonais par Jacques Lévy.
Préface de Nelly Delay.

YU DAFU
RIVIÈRE D'AUTOMNE
ET AUTRES NOUVELLES
Traduites du chinois et présentées
par Stéphane Lévêque.

A paraître :

SAIKAKU
CHRONIQUES GALANTES DE PROPÉRITÉ
ET DE DÉCADENCE
Traduit du japonais et présenté par Daniel Struve.

L'AMOUR-MAGOT ET AUTRES CONTES LICENCIEUX
Choisis et présentés par Elisabeth Lemirre.

Achevé d'imprimer
sur les presses de
l'imprimerie France Quercy
à Cahors
N° d'impression : 52241
Dépôt légal : octobre 2005